施設・里親から巣立った子どもたちの自立

社会的養護の今

◉編著
武藤素明

◉著
高橋利一
井上　仁
山縣文治
青葉紘宇
草間吉夫
坂本博之
渡井さゆり

福村出版

施設・里親から巣立った子どもたちの自立―社会的養護の今

もくじ

第1部　社会的養護における自立の課題

第1章 社会的養護の下を巣立った子どもたちの自立

武藤素明

はじめに

社会的養護の下で育った子どもたちの社会的自立は容易なことではない。人間関係をつくることが不得意で仕事先でもうまくいかず仕事を転々としてしまっている人、仕事を探すがなかなか見つからず困っている人、住居が定まらずにホームレス状態の人、結婚して家庭を持ったが良好な家庭をどうつくっていってよいか悩んでいる人、自分の子どもは絶対施設には入れないと頑張っていたが施設にお願いすることにしたと失望している人、借金の取り立てにあって行方不明になっている人、心身とも病気に苦しみ入退院を繰り返している人、なかには自殺をしてしまった人、この約40年の間、児童養護施設を退所した人に寄り添いながらも私自身の非力さを反省する日々でもある。むろん、苦しいことだけでなく社会的養護の下を巣立った子どもたちの成長や喜びに接する機会も非常に多い。

私自身がこの社会的養護の第一線から巣立つ年齢となり、近年行われた社会的養護の退所者実態調査と、これまで数知れず巣立っていった子どもたちの支援に関わった経験をもとに、社会的養護を必要とする子どもたちの自立支援やアフターケアの課題についてまとめてみることとしたい。

第１節　社会的養護の下を巣立った子どもたちは今

私が二葉学園に児童指導員として入職したのが、今から37年前の昭和50年である。二葉学園では私が就職した頃からの特色であったが、当時から親との関係調整を積極的に行っており、今で言うファミリーソーシャルワーカー（家庭支援専門相談員）を、担当職員と共に親子間調整を専門とする専門職として配置し、親子間調整の任に当たっていた。

施設生活を長く体験するのでなく、家庭に帰ることができる（可能性のある）児童は親の面会や親元への帰省を積極的に行ってきた。当時の入所理由は「貧困などによる養育困難」「離婚や母親の家出など家庭崩壊」などが主であったので、その要因となった諸問題を親と共に解決しながら児童が家庭復帰できるように、家庭関係調整を児童相談所だけに任せるのでなく施設の重要な役割として取り組んできた。

当時は、18歳まで施設に在園し施設から直接社会的自立をしていった児童は少なく、小学生や中学生の途中や卒業時に家庭復帰していった児童が多かった。また、高校進学する児童は少なく、低学力に悩む児童や中卒で15歳にて就職をしていった児童も多くいた。15歳で就職した児童の社会的自立は当時も厳しいものがあり、施設内における高年齢児童の生活支援は困難な状況であったが、小学校や中学校時の学力向上策や進路指導に力を入れ、私立高校への進学や定時制高校の進学なども可能とする取り組みを積極的に行っていくなど、18歳までの養護を施設のなかで責任を持って行うことが当時の私たちの最も重要な使命でもあった。

施設入所途中で家庭復帰した児童は、18歳まで施設で育った児童と比較すると退園後施設に来園することや施設との関係を維持する児童は少なく、その後住所や連絡先も明らかでない児童が多い。

時々、ふらっと10年前在園していた児童や20年前在園していた退園児童や親が訪ねて来ることは今でもある。昔は施設生活そのものが貧しい状況もあり、また、施設生活は集団生活（大舎制）であったことから集団管理的（ルールが多く、児童個々のニーズに対応しにくい生活）であったために一日でも早く施設を出たいという児童もいた。そんな状況が退園後も施設にやってくる児童があまり多くなかった理由の一つになっていたと思う。むろん、施設に入所しなければならない現実を肯定的にとらえることができなかったことも背景としてあったであろう。

18歳まで施設で生活し社会的自立をしていった児童についても途中で家庭に戻った児童についても、経済的にも、社会的にも、精神的にも困難を抱える児童が多く、退所後の支援を十分に行う必要性はあるにもかかわらず、施設退所後の支援が十分にできていない実態にあった。今もその実態は変わらない。私の主観であろうが、以前の施設入所者は非行など悪さもしたがパワフルであった。職員や社会に対して反発もあったが自分でそれらに向かうエネルギーがあったように思う。最近の児童は入所理由もあるだろうが、エネルギーや反発心が弱く心の支援をより必要としている児童が多くなったように思える。精神的な支えが無いと生きていく力がわかない児童が多いように思えてならない。

今でも私が二葉学園に就職した頃に在籍した児童とのつながりがある。もうすでに40代になっている人が多いが、学園の近隣に住んでいて困ったことがあれば相談にやってくる。アパートの保証人、病院や弁護士を紹介する。病院に長期入院していれば時々面会に行ってあげる。冠婚葬祭の相談などに立ち会う、離婚や育児相談などなど30年前の卒退園生とのつながりが今も多くある。

今から15年前の１９９７（平成９）年、児童福祉法の大幅改正により児童福祉の目的そのものが大幅に改正された。児童福祉施設において「退所した者に対する相談、その他自立のための援助を行うこと」と法文化された。それまでも退所後の支援や自立支援を行ってきたものの、どちらかと言うと「保護」「養護」ということだけが目的とされていた。これ以降は名実ともに「アフターケア」とそのための「自立支援」を私たちの仕事の重要な柱として位置付けることとなった。しかし、実態はまったくと言っていいほどアフターケアの計画的支援などはできていないのが現実である。

以下、自立のためには何が求められるのか、どんな支援が必要なのかを、ここ最近行われた施設や里親から措置解除となった方々のアンケートなどから探っていきたい。

第2節　最近の退所者調査から見えてくること

1　全社協の調査『子どもの育みの本質と実践』を参考に

２００８（平成20）年の7月から10月にかけて、全国社会福祉協議会が中心となり、「社会的養護を必要とする児童の発達・養育過程におけるケアと自立支援の拡充のための調査研究委員会」（村瀬嘉代子先生を委員長として）を立ち上げ、社会的養護の養育と自立支援にとって何が必要なのかについて調査研究を行った。私もこの調査委員の1人として関わらせていただいた。この調査のなかで全国の児童養護施設などを退所した30名へのインタビュー調査を行って児童養護施設などへの思いや要望、自立支援への課題など当事者の生の声として『子どもの育みの本質と実践』（全国社会福祉協議会、２００９）として報告書にまとめた。

このまとめのなかで退所者からの提起として「施設などを退所後、最も困り悩んだこととして、孤立感を感じたが、それらの思いを伝えることができずに悩んでしまった」ということが共通の課題として出された。「自分のことを分かってくれる人はいない」「人は信用できない」といった思いを持ち、孤立感を増幅させることがインタビューのなかで明らかにされている。「頼ろうとしても人への頼り方が分からない」といった対人関係上の課題も出されている。対人関係のあり方は現在の社会的養護の最大の課題で、退園後も心の悩みなどなんでも相談できる人を在園中から準備しておくことの重要性を痛感させられた。

2　「東京都における児童養護施設等退所者へのアンケート調査報告書（結果）」から見えてきたもの

東京都は、平成22年12月から平成23年1月にかけて、都所管の児童養護施設、自立援助ホーム、児童自立支援施設、里親を退所して1年から10年経過した約７００人にアンケートをとり、集約したものを平成23年8月に発表した。本調査から見えてきたことについて少し触れたい（詳しくは第2章において至誠学園の高橋利一先生に調査結果をまとめていただいた）。

①現在の生活や仕事、収入、学歴などについて

全体の78％（約8割）の人が働いており、その特色として正規雇用（正社員）が少なく、パート・アルバイトや契約社員など非正規雇用が多く、安定的な就労状況にない人が比較的多い。その影響か、月収入15万円未満が46％（ほぼ半数）、20万円未満が全体の8割（76・6％）を占めている。また最終学歴は高校卒が58・3％と最も多く、次いで中学卒が23・4％、大学等卒が15％で、一般の全国平均と比較しても中卒の割合が高く、高校、大学進学比率が極端に低い結果となっている。何と言ってもこの進学率を高め、高校や大学・専門学校に行って資格取得に努めることが、将来の安定的な就労と収入につながると確信する。

〈大学や専門学校等進学をより積極的に進めるために〉

児童福祉法上は18歳までの養護は保障されているが、その後の大学、短大、専門学校等の進路保障は現状としては制度的に確立されていない。

前述のとおり、社会的養護を必要とする児童が児童の能力に応じて社会的自立をめざすためにも、安定的な就労ができるよう、将来希望する資格を取得させる機会を十分に保障すべきである。つまりは「18歳までの養護」ではなく、「20歳までの養護」あるいは4年制大学を視野に入れると「22歳までの養護」が必要であり、高校卒業後の大学、短大、専門学校等の進路保障が必要な時代となっていると言える。

そのためには進学や資格取得のための資金保障が必要であり、まず第一に大学進学の保障として国や都道府県としての公的保障制度をもっと充実させることが必要である。第二に、公的な制度保障だけでは現実的には難しい問題があるので各施設や法人ごとにアフターケア基金などを創設して進学保障を実現させていく必要がある。第三に企業や個人、養成校等が特別奨学金制度を創設して施設出身児童への支援をもっと拡充すべきであろう。ＮＰＯ団体や多くの企業、養成校が参画しての多角的方面からの援助や補助制度の確立など、奨学金制度のさらなる充実が急務の課題である。

〈すべての児童に最低高校卒までの知識、学力の保障を〉

また、現代社会においては、中学卒業や高校卒業では就職するのも容易でない現状にある。ましてや、大学や専門学校を出ても就職することが困難な時代（直近の報道では4人に1人が就職できていないとのこと）、高卒でもなかなか正規職に就くことが困難なその実態が、今回の退所者調査でも浮き彫りにされている。

とりわけ児童養護施設等に入所中の児童については、職業イメージを持つ機会が少なく、幼少時からさまざまな職業に触れる機会を多く持つことも重要であろう。また、就職情報、面接練習、マナー講習、運転免許証の取得なども就職を有利に進めるために必要なことである。

現代社会の環境下からすると、将来の自立支援の観点から、中学校の学力だけでなく、高校程度の学力は最低限必要であろう。高校進学についても普通科から職業科、定時制や通信制などの多様な進学の選択肢が保障されることが望ましい。

〈社会的自立が困難な児童へは長期的かつ特別な支援を〉

また、施設入所児童においては児童虐待などによるトラウマから社会的自立が困難な児童や心身にさまざまな障害を抱える児童の入所も多く、18歳で社会的自立が困難な児童が多い。このような児童についてはそれらの障害や問題に応じての自立支援が保障されなければならない。児童のなかには精神科への通院や入院の必要な児童もおり、18歳になってもその治療や入院が継続保障されなくてはならない。また近年、児童養護施設には知的障害を抱える児童の入所が多く、それらの児童について特別支援学級や特別支援学校への通級や通学の保障、障害の状況に応じた進路がしっかりと保障されなくてはならない。自立や支援が困難な児童ほど、さまざまな施設や諸機関が関わることになり、施設、児童相談所、学校、区市町村の福祉事務所、企業、その他との調整能力が児童を担当する職員には求められる。そのためには諸機関連携能力、学校や企業の特色、刻一刻と変わる社会状況の変化や制度についても注視し、広範な情報や知識やネットワークを有する必要性がある。

障害者支援法や生活保護法などの分野による社会資源も十分に活用しながら、継続的に自立の困難な児童への支援を展開していく必要がある。また、社会的自立が困難な児童ほどこれまで生活してきた社会的養護の施設や里親がふるさと的な役割や実家的な存在としての役割を担い、長期的に障害や困難状況に向き合っていける条件づくりや基盤整備が求められている。

〈20歳までの措置延長制度の積極的活用を〉

平成23年12月厚生労働省は、社会的養護の下で育つ児童の社会的自立が容易でない現状を考慮し、児童福祉法上の20歳未満までの養育拡充策として社会的自立が困難な児童は大学進学、就職などを問わず20歳まで児童養護施設などに措置しておくことを認めた。これまでの制度を改善し、新設制度として積極的に活用するよう通達を出した。東京都など大都市部においてはこの制度を積極的に活用すると、今後の入所受け入れ枠が少なくなるのではと心配している向きもあるが、現在の社会的養護の下で育つ児童のためにはこの制度を積極的に活用し、社会的自立のさまざまな取り組みを展開するべきである。

②退所後困ったこと、現在困っていること

今回行った東京都の調査によると、施設などを退所後困ったこととして、(1)孤独感・孤立感、

⑵金銭管理、⑶生活費、⑷職場での人間関係、⑸食事・炊事、⑹身近な相談相手、の順となっている。また、現在困っていることとして、⑴生活全般の不安や将来について、⑵家族・親族に関すること、⑶生活費や経済的な問題、⑷仕事に関すること、⑸心身の健康問題、とつづく。

約10年前の２００２（平成14）年度に、東京都社会福祉協議会児童部会が行った、同年に児童養護施設を卒退園した15歳から20歳までの児童１４５名を対象にアンケート調査をした結果が報告されている。その報告によると、東京都内の児童養護施設の出身者の7割近くが自立から半年たっても1カ月の収入が15万円に満たず、生活苦にあえいでいることが報告されている。１カ月の収入は68％の97人が15万円未満で、10～15万円が73人と51％を占めた。さらに、住居を借りる時に必要な保証人や金銭的支援者がいない人は91人で64％、最初に就いた仕事を半年後にやめていた人は61人で43％、また、全体の75％が「人間関係がうまくいかない」「金銭管理がうまくいかない」「生活技術が足りない」といった悩みを抱えていることが当時の報告書にて報告されている。今回の調査と比較してもこの10年間でこれらの困難性はほとんど改善されていないのである。

また、今回の東京都の調査結果として、「施設生活だからこそ身についたと評価していること」として、「掃除、洗濯」が70％、その次に「基本的生活習慣（56％）」「社会生活上の基本マナー（53％）」「コミュニケーションの取り方（50％）」「炊事（45％）」となっている。このように生活していく上で必要な基本的生活習慣においては、一般児童以上に身につけることができているようであるが、孤独感や孤立感の解消、将来への不安に対する対応、他者との人間関係の築き方など心の不安や人間関係での悩みにどう対処していいのかという課題が浮き彫りにされているとも言える。

〈あらためて基本的生活習慣と身辺自立の充実を〉

施設入所前は不安定な生活を送ってきた児童が多く、基本的生活習慣が身についておらず身辺自立が困難な児童が多い。衣類の着脱から衣類整理、洗濯、洗濯した衣類の仕舞い込みなどが、年齢に応じて一定できるか。身の回りの片付けや掃除が一定できるか。また、最も必要となることとして食生活の自立である。食器などの使い方と管理、片付け、一定の食事づくりなどの経験、衛生と栄養知識、食事マナーなどの知識や方法を身につけることは生きていく上でとても大切なことである。健康に生きていくために食生活は最も重要な課題であり、日常生活のなかで培われていくものでなければならない。

身辺自立にとって、日常生活におけるさまざまな手法を身につけることは健康管理に大きく影響することになる。洗顔、歯磨き、排泄、入浴、食事、洗濯、掃除など日常生活習慣の確立は自分の健康を自分で守ることに通じる。一般の家庭で育つ児童も社会的養護施設等で育つ児童においても、それら一連の生活技術を小さい頃から身につけることができるよう、習慣化されることが必要かつ保障されるべきである。社会的養護の下で育つ児童が入所後の支援において最も充実している事項として基本的生活習慣をあげており、当事者のアンケートなどの結果からも評価している結果となっている。

〈低学力を解消し自信を取り戻すために〉

施設入所している児童は入所前、十分学習する環境が保障されていない児童が多く、学力が低い児童が多くみられる。ともすると、「学習」は進学のための学習ととらえられがちであるが、本来は、生きていくための知識や方法を身につけるために学校や家庭で学習や教育を受ける権利が保障されているものである。社会的養護を必要とする児童は、人一倍それぞれの児童の能力や発達に応じて学習権、教育権の保障が十分に保障されなくてはならない。

施設入所中において、園内で学習に集中できる場の保障にはじまり、児童の状況に応じた個別学習ボランティアなどや遅れを取り戻すための個別学習指導が行き届いていること、また、通塾や習い事などの保障も必要とされる。幸いにも平成21年度より中学生の通塾費が保障されることになったことは学力向上のために大きな成果となっている。

〈将来への展望づくりとしての進路指導の充実を〉

将来を展望するためには、児童一人ひとりの成長発達や育成過程に応じて児童の生い立ちの整理を一定の期間を経て行うことも有効である。職員は児童に対して将来的な展望や希望を持ってほしいと願うが、児童によっては自己の過去について向き合うことや肯定することができない児童も多い。したがって十分な信頼関係や情緒的安定、さらには児童の成長を見定めての児童の将来を展望していく作業について児童にしっかりと寄り添いながら行うことが重要である。

また、将来を展望するための進路指導は、施設にとっても重要である。

可能性のある進路を選択するためには社会に出る直前に考えるのでは遅く、施設入所中から選択できる進路について具体的に提示されなくてはならない。卒園した先輩の話を聞く機会や親や家族との話し合い、また児童相談所の担当福祉司との協議なども定期的に行われ、児童の希望が最も尊重される必要があろう。そのためには進路指導にあたる担当職員が、職業事情やさまざまな制度などの広範な知識と情報を持ち合わせていなければ進路指導はできない。また、そのためにも学校や諸機関、企業との日常的なネットワークも必要とされている。

〈生活していくためにはお金の使い方や管理について知ることは最低要件〉

社会的自立について考え、進めるためには何と言ってもお金を自分で稼ぎ、そのお金を有効に使う方法を施設入所中から身につけなければならない。入所中は生活指導訓練費という名目で「おこづかい」が年齢によって支給される。幼少期のお金の使い方が成人期まで影響することが多々あるのである。幼少期から金銭管理やお金の大事さなどを自立するために大人がしっかりと学ぶ機会をつくってあげる必要がある。また、高校生になるとアルバイトの経験などは働くことの練習になり、アルバイトで稼いだお金をどう使用するか、自立後の金銭管理の準備にもつながることになり良き経験となっている。

さらには、社会に出る前に、自立後生活するために主として衣食住にはどれくらいの費用がかかるのかを知り、生活していくためにはどのくらい働き稼ぐ必要があるのかなど具体的な計画を立てながら、経済的自立に対するイメージを持って準備をする必要がある。

〈対人関係、人間関係の悩みが最も現代的直面課題〉

近年、施設養護にとって最も重要視するべきテーマとして「対人関係能力」がある。とくに親などからの虐待などが理由で入所する児童も多く、幼少期から愛着関係が十分に築けてこなかった児童はスムーズな対人関係をつくることが苦手な児童が多い。先にも述べたが、２００８（平成20）年に全国社会福祉協議会において児童養護施設等を退所した多くの人へのインタビュー調査においても、「退所後の不安・悩み」で最も多かったのが「人間関係やコミュニケーションが難しい」であった。「人とのつきあいが苦手」「相談することが苦手」「相手から拒否されるのではないかと不安」などの声が聞かれた。

現状として、虐待など関係性の不全感を経験してきた児童は、自分を受け入れてくれるのか、どこまでも際限ない試し行動を行うことがあり、関係性づくりも容易でない。粘り強く長期にわたった関係性の構築や経験が必要であろう。しかし、施設生活のなかで担当職員だけとの関係性では担当職員も疲弊してしまうこともあるので、他職員やボランティア、心理職や児童相談所のワーカーなど施設内外の広範な人間関係の構築も含めて対人関係づくりが求められる。

また、施設入所児童のなかには学校においても孤立している児童がいる。そんな児童には学校の友人づくりを重要視する必要があり、学校の先生や友人の親や家族との関係、また、地域との関係によって守られていることが実感できるような配慮が必要である。

施設内の取り組みだけでなく、就労支援や社会的自立のために必要なことを、ボランティアや企業やＮＰＯ団体などと協働する取り組みもはじまっており、「職業実習体験」「マナー講習」「ソーシャルスキルトレーニング」など、広範な社会資源を活用し、施設入所中から社会的自立が少しでも可能になるような取り組みを行う必要がある。

施設で行う行事や児童会など、さまざまな企画を通じた他者と多く関わる場面設定や集団の場で個の存在が大いに評価される場の設定づくりは、人間関係やそのなかでの自己肯定感を形成するために重要な役割を果たすことがある。

また、精神的安定感や正常な人間関係を保つことは、在園中の取り組みだけでは解消できない課題でもある。特に昨今、親などから虐待されて入所する児童が増え、在園中から心理士による心のケアを行っているものの社会に出ても長期的な支援が特に必要とされている現状がある。

〈在所中からの一貫した自立支援の取り組みを〉

また、支援者にとっても、児童にとっても、社会に出る前に自立する力をどう養うかについて一定の指標が必要であろう。

二葉学園では、(1)自分について知っている、(2)自分の力で必要な時間に起きることができる、(3)身のまわりの整理整頓と洗濯・衣類管理などができる、(4)金銭管理が自分でできる、(5)挨拶や頼み方・謝り方などが身についている、⑹料理を10品以上つくることができる、⑺生活上の常識・知識がだいたいわかる、⑻健康管理が自分でできる、⑼仕事や学校を怠らず続けることができる、⑽職員やまわりの人と一定の信頼関係が保てる、以上の10点を指標として中学生や高校生に提示している。支援者が自立支援に関わるときに一定の指標を持つことと同時に、これらの指標について児童一人ひとりとともに振り返りを行うことも重要であろう。

　なんといっても現在の児童養護施設などに入所する児童は将来展望が定まらず、将来の自己像が描ききれない現実にも直面している。これからの自立支援にとってこれらの指標を日常生活において十分に生かしていくために、また、自己肯定感さえ持ちづらかった過去と向き合い、これからの自分の将来をしっかりと考えられる状況をつくるためにも生活場面や心の安らぎを感じられる場としての児童養護施設にしていくべきである。また、職員などからしっかりと支えられている充実感のなかから自立心が育つものだと実感するところである。

③退所後の支援（アフターケア）の充実に向けて―退所者の率直な意見から

　今回の東京都の調査は、施設などとの関係が一定して続いていて住所なども分かっている退所者にアンケートをお願いした経過があり、比較的施設との交流がある退所者へのアンケートであり、81％の人が施設との交流があると答えている。そのなかで、「困ったことがあれば施設職員に相談する」に40％の回答があり最も多く、施設などの職員に相談する傾向がはっきりと証明された。しかし、現実はどうかというと、施設職員は特に、今現在入所している児童や親への対応などに追われてしまっており、退所後の支援を十分やっている状態になく、相談があっても十分に応え切れていない現実がある。退園者に聞くと多くの退園者が口をそろえて指摘することであるが、「施設にいつ行っても職員がバタバタと忙しくしているのでゆっくりと相談することができない。本当に困ったことがあれば相談に行くけど、精神的なことや人間関係などの問題は短時間では相談できない。もっとゆっくりとしながらさまざまな愚痴など聞いてほしい」というのが退所者の本音である。

東京都の調査結果で私が最も注目したのが、最後の自由意見の記載欄である。「施設などに対する感謝や不満」について、前述のように回答者の多くは施設などとの関係が続いている退所者であるがゆえに、全般的に「園での生活は楽しかった」「感謝しています」など肯定的な評価が多かった。しかしなかには、「児童をいろいろな場所に移動させるのはやめた方がよい」「児童養護施設の質が低すぎる。衣食住さえままならないようなところすらあった」「園長が代わりすぎ」「職員からの嫌がらせの虐待があった」「知的障害でもないのに障害児学級に入れられた」「職員の子どもたちへの接し方と言葉づかいを直してほしかった」「施設生活は私にとって心残り、やり直したい！」「一般の子どもたちでは考えられないほど古い考えで交友関係やバイトができなかった」「里子は相談できる場所がない」などなどの痛烈な意見や苦情など改善課題も寄せられている。児童養護施設の関係者、責任者としてドキッとしてしまうことばかりである。また、そこには批判だけではなく建設的意見として「お母さんのような関わりをしてくれた職員がいた」「職員は最終的には人間性が大事」「自立支援施設の職員がすごく暖かかった」「職員さんがどんなことがあっても助けてくれた」「一番大切なのは本気で子どもと向き合うことができる人（職員）を施設におくべきで、子どもと向き合うことができない人が施設で働いては子どもがかわいそうだ」「入所中の児童対応がやさしすぎ！　社会に出て厳しいのだからもっとピシパシ（きびしく）教育すべき」「施設に入るだけでも心にキズが残るので、カウンセリングに力を入れるべき」「医療、就職、相談窓口、各種制度、契約の仕方などしっかりと教えてもらいたい」「なんでも相談できる存在が欲しい」「親を選ぶことができない子どもたちの最後の生きるための糧は国の支援、もっと充実策を！」「施設出身者が最も苦労するのは経済面、生活費や学費の充実を！」「このようなアンケートを取って意味があるのか、国や東京都の職員は自分の足で歩いて施設出身者の生の声や実態を把握してほしい」などなど、率直な意見が寄せられている。

特に「このような生の声をどう反映するのか」が最も大切であり、私たち関係者がこの声をどのように施設の毎日の生活実践のなかに、また、さまざまな制度改善に生かしていくのかが重要である。

3　「ふたばふらっとホーム」の全国調査から見えてきたもの

まず、はじめに「ふたばふらっとホーム」の紹介からしたい。ふたばふらっとホームは二葉学園の卒園生が中心となり、退園後なんでも相談したいとき、聞いてもらいたいときにふらっと立ち寄れる場所づくりが必要であり、そんな居場所づくりをしたいという卒園生の思いから、そこに元職員、ボランティアの方々が集い、２００８年（平成20年）頃から準備をはじめて、２０１１年（平成23年）４月にＮＰＯ法人「ふたばふらっとホーム」として事業開始したのである。

ゆくゆくは「ふたば」という名称も見直して、他の施設の退所者にも呼び掛けて広域の退所者のためのアフターケア事業として発展させたいとの思いもある。

平成23年度後半、厚生労働省の若者支援のためのセーフティーネット支援対策事業の補助金を受けて、里親、児童養護施設、児童自立支援施設、自立援助ホームなどの社会的養護施設や出身者当事者団体などの協力も得て社会的養護の下を巣立った当事者への全国調査を行った。

この調査結果については今年（２０１２年）夏、厚生労働省のホームページに掲載されたところである。調査結果の詳細は、調査を行うにあたってアドバイスをいただいた日本大学文理学部の井上仁教授に本書の第１部第３章でまとめていただくが、今回私なりにも一定分析してみることとした。

①施設や里親に対して思うこと、言いたいこと

全般的に「親身になってよく聞いてくれた」と施設生活などに対して肯定的にとらえている

人が86％と非常に高い。その一方で「職員・里親から怒鳴ったり叩いたりされたことがある」と答えた人が全体の39％、４割程度の人が回答している。昨今では虐待され入所する児童が多いなか、怒鳴る、叩くは再虐待体験になり、改善が必要である。

また、社会に出て困ったこととして、⑴アパートの保証人、⑵寂しさ、孤独さ、⑶施設出身ということを話すこと、⑷家族とうまく話ができない、⑸自分の気持ちを話せる人がいない、⑹職場の友人関係、⑺相談相手が近くにいない、と続いている。いずれにせよ⑴から⑺までのすべてに共通するテーマは心の問題や人間関係の問題なのである。これは、先に行った東京都の調査でも共通する結果が出ていると言える。

施設や里親から社会に出るために必要なこととして、⑴社会生活資金のためのアルバイト、⑵社会で必要とされる資格取得、⑶アパートなどの保証人、⑷専門学校や大学などへの進学、⑸塾など進学準備、⑹施設里親出身者が集まれ、いつでも語り合える場、と続いている。当事者団体としてのアンケートであり、設問そのものが社会的自立を意識した設問になっていたためにこのような結果となっているのであろう。

また、措置解除後の施設との関わりや自立支援のあり方についての要望に関する設問においては⑴保証人になってくれる制度がほしい（64％）、⑵専門学校や大学などに通えるようにしてほしい（58％）、⑶施設や里親出身者がいつでも集まれ、いつでも語り合える場がほしい（57％）、⑷病気や離職、住むところに困ったときに施設や里親のところで一時的に住めるようにしてほしい（56％）、⑸施設や里親のところにいつでも泊まったりできるようにして帰れるようにしてほしい（55％）。

私が分析やまとめをするまでもなく、この意見や要望を率直な退所者の声や叫びとして養護実践や制度づくりに生かしていく必要があるだろう。

東京都の調査の分析のところでも指摘したとおり、この調査においても最後に自由記述欄があり、そこにまた貴重な意見が寄せられている。

「そこで働く職員の人材、里親もこの人で大丈夫かの見極めが必要」「施設を卒園する前にひとり暮らし体験をする必要あり」「お金の使い方、管理の仕方を教えるべき」「施設や支援内容（サービス）を選択できるようにしてほしい」「バイト体験は貴重」「心のケアは絶対必要」「施設内で甘やかしすぎ」「年金、税金、保険、公共料金手続きなどを教えるべき」「大規模施設ではなく、小規模で一般家庭と同じような生活が送れるようにすべき」「進学のための奨学金制度を充実させるべき」「パソコン技術、車の運転免許は絶対必要」「人としての思いやりや優しさがあれば社会でやっていける」「社会に出て行ってからも時々『元気でやっているか』『頑張れよ』との一言が助けになる」「冠婚葬祭について分からない」「ご飯が食べられるところがほしい（10代女性）」「性について、体の仕組みなどのサポートがほしい（10代女性）」「職員にとっては『仕事』、もっと卒園してからも何でも相談できるような仲になりたかった」「自分らの視野を広げるためには職員さん自身にいろいろなことを学んでもらう必要がある」「子どもには、些細なことでもほめてほしい」「一度傷ついた心を修復するには長い年月のサポート（相談しやすい環境）をつくってほしい」「里親家庭の方が生活面などきめ細かく教えてもらえるのでよかった」「児童自立支援施設出身ですが退園した今でも連絡を取っていて心強い」などなどの貴重な意見をいただいた。

〈アフターケアまでの一貫した長期的支援の充実を〉

施設などへの入所および里親委託児童は入所前、適切な養育や教育を受けていない児童が多く、長期的にその不適切養育状態を回復していく過程の十分な保障、また家庭における養育基盤の回復についてもさまざまな支援機関やシステムの対応が必要であり、長期的支援が求められている現状にある。特に近年、入所児童の多くが親などから虐待を受けて入所し、その結果、社会的自立が困難な児童の支援策が求められている。心身の傷つきを回復する環境、対人関係づくり、および社会的自立を支援する制度づくりが望まれる。

わが国においては18歳までを児童福祉法の対象とするが、18歳で社会的自立をめざすには社会一般でも困難な状況下、社会的養護施設等入所児童にとって社会的自立はよりいっそう困難な状況下におかれていると言える。

社会に出る前の準備として社会的自立をしやすい状況づくりや条件整備が必要であり、そのための具体的準備を行っていくことが求められている。施設内での取り組みだけでなく施設を出てからもさまざまな支援が必要となるのである。いわゆるインケアからリービングケアさらにはアフターケアまでの一貫した取り組みが求められていると言える。

〈施設養護におけるアフターケアについて〉

施設入所児童は、主として社会的自立や家庭復帰および措置変更などによって施設を退所することになる。いずれの場合であってもアフターケアは必要であり、社会的自立の場合は主として退所者の相談援助に、今までいた施設の職員が関わることになる。家庭復帰のケースは児童相談所や地域の家庭支援センターなどとも連携しながら、施設職員が復帰後の相談や支援にあたることになる。措置変更の場合は、児童相談所を窓口としながら児童の安定を図る意図によって、次の措置変更先の意向や事情を十分に考慮しながらアフターケア計画が立案されることになる。また、すべての退所児童のアフターケア個別支援計画が立案され、その計画に沿ったアフターケアが保障される必要があり、児童や家族などにも立案の段階からその計画が提示される必要がある。

特に社会的自立をめざす児童は、社会に出て困ったことなどを相談する人や機関が少ない場合が多く、住居支援、進学支援、就労支援、金銭関係、健康面の不安、冠婚葬祭、家族やまわりの人との人間関係の調整や助言、その他さまざまな相談に乗ることを主とするアフターケアが必要である。電話相談、会って話し合い、家庭訪問に行く、時々施設への来園を促すなど、退園後の状況を把握しながら多様な支援を行っていくことになる。なかには、相談を受けるだけでなく行動を共にすることもある。

親兄弟関係もなく、社会的人間関係をつくることに不安を抱える卒園者については、頻繁にアフターケア担当者や施設が関わり合いを持つことが望ましい。

アフターケアにあたる担当者にとってアフターケアについてはどこまで支援をするべきか迷うことも多く、施設長や施設の基幹的職員にスーパーバイズを受けながら計画的に関わらないと個人的な関係のみで関わってしまうことになり、時としてトラブルを生じることもある。アフターケアへの関わりについても常に施設として明らかにしながら関わっていく必要がある。

〈自立援助ホームと自立に向けての協働を〉

社会的自立が困難な児童の支援に、自立援助ホーム（児童自立生活援助事業）が大きな役割を果たしている。自立が困難な児童を入所させ、生活指導、就労支援など社会的自立に向けて支援する場所として、近年、各都道府県や指定政令都市には必置としたが、全国的広がりとしてはまだ進んでいない。15歳から20歳未満の児童が自立のために入所し、自立のための練習をするための生活施設ではあるが、自立が困難で再度入所してくる児童も多く、その自立支援に苦労している現状もある。経験豊富な職員が長期的に関わるには、現在の国の補助金制度のあり方などを改善する必要がある。また、自立援助ホームは20歳未満の児童が対象となっているが、被虐待などに伴うトラウマの後遺症は15～20歳で解消されるものではなく、年齢超過者支援やアフターケアの保障が無ければ十分な自立支援が困難な状況下にもある。社会に送りだす最後の自立支援機関である自立援助ホームを全国的にも拡充していくことが求められている。

〈家庭復帰とアフターケアの必要性〉

家庭復帰は、その方向付けと家庭関係調整のために、施設にファミリーソーシャルワーカー（家庭支援専門相談員）が配置され、そのファミリーソーシャルワーカーが中心となり、児童相談所の担当福祉司と常に連絡を取りながら家庭調整が行われることになる。また、児童相談所において家庭再統合のためのチェックリストによって家庭復帰後のアフターケア計画や地域の支援機関との調整も踏まえて実施される。

近年、児童虐待という入所理由で入所する児童が多く、家庭再統合には相当の親の養育姿勢の変化や児童の成長がないと家庭復帰が困難なケースも多いため、より慎重な判断も必要となっている。

家庭復帰後の支援についても十分に行わないと、ケースによっては親子関係が再度悪化し再入所するケースもみられる。再入所したケースはまだよい。施設入所児童が家庭復帰後、虐待死するという痛ましいケースもある。家庭復帰後のアフターケアについては、入所中から施設のファミリーソーシャルワーカーと担当職員が定期的に訪問できる関係性づくりや、児童相談所の児童福祉司、地域の区市町村の要保護児童対策地域協議会への連絡や見守り、学校などへの連絡など、家庭復帰後の支援と見守りは重要な位置付けとされている。

〈児童相談所のアフターケアの必要性〉

本来、児童相談所は児童問題に関する相談、援助、一時保護、施設や里親への措置・入所、入所後の援助、退所後の支援など一貫して児童問題に関わる機関である。しかし、虐待通告や相談が増えている現状からすると、その対応に追われ、退所後のアフターケアに関わって行くことは困難であり、要保護児童対策地域協議会や地域支援ができる機関につなげていくことが必要であろう。しかし、家庭復帰後、親の不適切養育状況が再現したり、親子の関係性が悪化する場合もあり、また社会的自立をした場合においてもさまざまな問題が生じることも多々ある。

児童相談所は児童養育を「点と面」で見てしまう傾向にあり、子どもが大人として成長する長期的経過としての「線」で見通す力と長期に関わっていく視点が欠けているように思える。児童相談所においてもアフターケアを役割の一つと位置付けて、退所後の一貫した関わりについても児童相談所として責任を負う体制づくりが求められているときである。

〈里親に関する自立支援課題〉

里親については「里子は相談する場がなかった」と里親で育った当事者が述べているように面倒を見てもらっている里親への気遣いなどもあり、率直に何でも話せる対象が少ない。もちろん児童相談所や学校の先生、地域の人、ほかの里親さんなどにも話す機会はあるであろうが、もっと多様な人や場が保障されるべきであろう。

また、里親自身が里子の自立支援を進める際、里子が思春期に差し掛かり将来への不安や交友関係などで不安定な時期に、具体的な進路指導に関わらなくてはならず、負担となることも多く、里親自身が相談できるシステムの充実が求められている。国は２０１１（平成23年）年度に出した「社会的養護の課題と将来像」で施設養護から里親養護へ舵を切ったところであり、里親養護を拡充する計画であるが、増やすだけでなく充実させていかないとさまざまな問題も起こりうると言える。そのなかでも里親と里子の声を十分に聴きながらの自立支援とアフターケアの課題に取り組んでいくべきであろう。

第3節　自立支援、アフターケアに関する制度的課題

1　運営指針の実現化

２０１２（平成24）年3月、国から児童養護施設等の運営指針が出された。そこには「支援の継続性とアフターケア」の項目が入り、「措置延長規定の積極的活用」「退所後何年経っても施設が相談に応じること」「退所者が集まれる機会の設定や退所者グループの活動支援」が謳われた。しかし、今年度よりこの事項を施設の支援方針に入れて具体化したところはまだほとんどない。これらの具現化は趣旨的には理解できるが、予算的かつ制度的裏付けがないところ

で実現には程遠いとも言える。今回出された児童養護施設等の運営指針を実現化するための予算措置や実践のための具体的対策が必要である。

2　再チャレンジできる環境設定

社会的自立は現実的にはらせん状の成長や紆余曲折しながら、次第と自立する力が身についていくものである。一時、反社会的行動で矯正教育を受けなければならなかったり、高校進学しても中退してしまったり、就職したが退職を余儀なくされたり、収入がなくホームレス状態になったり、健康を害し入院したりなど、さまざまな状況に陥ることはよくあることである。とりわけ、社会的養護の下で育つ児童にとってはそのような状況に陥りやすい。

そんな状況から立ち直るために、何でも相談でき、社会資源等を活用し再チャレンジできる機会やシステム作りも必要である。そのためにも施設職員、児童相談所、生活相談所や福祉事務所、行政機関、病院、教育機関、ＮＰＯや企業などのネットワークが不可欠であり、それらの居場所づくりや支援機関づくりが必要である。

3　体系づけられた自立支援（養育の一貫性）

①アフターケアの義務付けを

すべての社会的養護を必要とする児童へ最低3年間のアフターケアを義務付ける必要があり、そのための専門職員（自立支援担当職員）の配置およびアフターケア事務費（職員経費）アフターケア事業費（直接支援に関わる経費）の新設が必要である。

②その他、３年と言わずいつでも相談できる人と場所を保障する

東京都では今年度２０１２（平成24）年度より「自立支援コーディネーター」を配置し、18歳で自立をした児童について10年前までの児童状況の把握、途中家庭復帰した児童について5年前までの児童の状況把握を行い、アフターケアや自立支援の点検および調整などを行う専門スタッフを配置した。職員や施設の独自努力だけでなく、すべての施設、すべての職員が行うことができるためには、職員配置や予算措置など制度的充実が必要である。今回、国が示した「社会的養護の課題と将来像」においては、自立支援担当職員を専門職として配置すべきであると位置付けた。その早期実現が望まれる。

また、いつでも相談に来られる場所を準備しておく必要があり、アフターケア室や棟への施設整備補助を新設するべきだと考える。

③ふらっとホーム充実も不可欠である

全国各地で当事者による地域生活支援事業（ふらっとホーム事業）が推進され、現在その輪が広がりつつある。当事者が相互に意見交換や情報交換などを行える自助グループ活動を通じ

て自立サポートを行っている。まだすべての都道府県やすべての施設にふらっとホーム事業ができていないが、先進的な役割を果たしている東京のＮＰＯ法人「日向ぼっこ」などの活動をモデルにしながら全国各地にふらっとホーム事業の実践が広がり、社会的養護における自立支援機能にとって大きな役割を果たすことができるであろう。

4　制度的充実

①保証人制度の充実

今回紹介したアンケート調査でも、保証人制度の確立と使いやすい制度にしてほしいという意見が多数寄せられた。全国社会福祉協議会で行っている身元保証制度や都道府県毎に設けている制度があるが、年齢や限られた保証内容では現実的に活用しにくい状況であろう。年齢的改善や保障内容の拡充策などを早急に改善し、それを社会広報するとともに退園時に家族や本人に十分説明する必要がある。

②未成年後見制度から20歳以上も社会的養護における新成年後見制度づくり

今年度２０１２（平成24）年度より民法上の未成年後見制度（親権制度の）の大幅な改正があった。主として18歳から20歳までの後見人制度充実を視野に入れて改正されたものであるが、現実的には20歳以降も後見人的役割が必要な場合も多い。とりわけ家族や親せきに頼れる状況になく上記の保証人制度も充実してない状況下、20歳以上（以降）においても新成年後見制度というような制度をつくり、社会的自立ができる状況になるまでの後見人制度を新設するべきである。

③奨学金制度

大学や専門学校などに行こうと思えば、学力的ハードルより金銭的ハードルが高く、進学にチャレンジできないという社会的養護の下で育つ児童が多く、公的制度の充実と合わせて児童養護施設や里親で育つ児童専用の奨学金制度を創設し、拡充してほしいと願っている。このことにおいても金額的問題や返還義務の免除等児童の努力に応じた制度充実が求められている。

④無利子での生活資金借入金制度

また、進学だけでなく、生活資金に困ることも多々あり、生活資金の貸付けなどの実施に加え、無利子制度や一部返還免除規定などの制度充実策が重要であろう。

5　職員や里親等養育者が長く関われるシステムや支援制度の充実を

施設の卒園生が「退園後施設に行ったら、ほとんどの職員が退職していた」という施設がある。また、施設にしばらく来園しなかった卒園生が久々に施設に来てみると、知った職員がほとんどいないことに愕然としたとの話も聞く。施設に入所しなくてはならない児童には、短期的な関わりだけでは十分な支援ができない。また、児童期に支援した結果は数年後、数十年後に明らかになる部分もある。その児童の成長を見守るのがこの児童養護の仕事であり、児童や親との信頼関係づくりにおいても長期的に関われる体制整備が必要である。

長く働き続けるためには「なぜ職員は辞めるのか」その原因を探り対策を講じることが必要であり、そのためには「組織運営上の意思疎通が十分に行われていること」「職員の協働体制が確立されていること」が重要であろう。また、社会的養護に関わる従事者の資質向上策や資格要件、賃金の保障、精神的疲労を軽減するための労働条件整備のためのさまざまな支援が必要となる。肉体的疲労より精神的疲労度が高く、職員のメンタルケアも必要である。職員が結婚し出産し、育児しながら長期に仕事をしていく環境や条件を整備していくことも必要である。

社会的養護を必要とする児童の自立支援やアフターケアの充実には、それらを支えるための職員が安心して長期的に関われる基盤整備が不可欠である。

おわりに

社会的養護の現場において、施設間格差や個人間格差に最も大きな差が生じている課題が

「自立支援とアフターケア」である。児童福祉法も自立支援を児童養護の目的に位置付けて15年経つというのに、何ら制度化も予算化もされず個人や施設の努力任せにしているのが事実と言っても過言でない。

社会的養護は社会福祉分野で唯一、国や都道府県が直接的責任を持つべき「措置制度」として残っている分野（「利用契約制度」でなく「措置制度」として残してあるという点に、親や家族が責任をもって養育できない児童の養育には国や都道府県など行政が責任を持つという意味がある）であるにもかかわらず、社会的養護を必要とする児童の社会的自立まで責任を持つ制度になっていない現実を変えていく必要を、今回の東京都およびふたばふらっとホームが行ったアンケート調査からの社会的養護における当事者の声を聴いてあらためて痛感した。

この低成長時代、人間関係が希薄な社会において、社会的貧困の連鎖をなくし児童が健全に育つ社会にしていくためにも、社会的養護の自立支援とアフターケア策の充実は急務である。

【参考文献】

全国社会福祉協議会「子どもの育みの本質と実践」２００９年３月
東京都福祉保健局「東京都における児童養護施設等退所者へのアンケート調査報告書」２０１１年８月
ＮＰＯ法人ふたばふらっとホーム「社会的養護施設等および里親出身者実態調査概要報告」２０１２年３月

第2章　東京都児童養護施設等退所者の実態調査報告

高橋利一

はじめに

近年、社会的養護の下で生活をする児童の自立支援が問題となっているが、東京都と東京都社会福祉協議会児童部会の共同企画で実施した退所者調査について、日本児童養護実践学会が実態調査研究を委ねられた。その結果報告は、すでに東京都が公表したものであるが、本稿はさらに解説を加えたものである。

第1節　調査の概要

①調査の背景

児童養護施設等に入所した児童は、中学卒業あるいは高校卒業（中退）などを機に施設を退所し、社会に巣立っていく。今日の厳しい経済状況下においては、施設出身者が一般家庭で育った人たちと同等のスタートラインに立てる環境整備と自立支援が必要である。

しかしその後、彼らはどのような生活をしているのだろうか。社会に適応できているのか、自立できているのか、生活上の困難はどのようなものか。退所後の生活状況や就労状況については、これまでまとまった追跡調査がなく、ほとんど把握できていない。

②調査の目的

本調査では、施設退所者の就労・自活の実態、また退所後から現在にわたる課題や困難の実際と意識を把握し、施設在所時・退所時、および退所後の支援として何が必要かを明らかにし、自立支援策検討の一助とする。

③**調査対象者**

平成22年度において、退所後1年から10年の施設出身者は３６３３人いる。そのうち、施設が連絡先を把握している１９１０人（全体の52・6％）に対して調査票を送付した（表１）。回答者は１９１０人のうち６７３人（回答率35・2％）であった。

④**調査方法**

調査対象者の抽出と調査票送付は各施設で行い、郵便で返送された調査票は民間事業者に委託して一括集計した。

⑤**主な調査項目とねらい**

1．現在の生活に関して

〈ねらい〉施設出身者の生活レベル、就労・就学状況、課題を把握する。

〈主な質問項目〉

・今どんな生活をしているか（仕事、就学、収入、住居、家族、社会保険、生活保護、健康状態、生活満足度など）

・現在困っていること、相談先

表１　最終退所施設別対象者人数（調査票送付数）

最終退所施設	対象者数	調査票送付数	回答者数（回答率）	回答者数／対象者数
児童養護施設	2095 人	1336 人	533 人（39.9％）	25.4％
児童自立支援施設	860 人	226 人	50 人（22.1％）	5.8％
自立援助ホーム	518 人	188 人	53 人（28.2％）	10.2％
里親	160 人	160 人	37 人（23.1％）	23.1％
計	3633 人	1910 人	673 人（35.2％）	18.5％

2. 施設での生活と支援に関して

〈ねらい〉施設在所中の生活が社会でどのように役立ったか、また課題を把握する。

〈主な質問項目〉

・施設での生活経験の役立ち度
・在所中に身についたこと

3. 退所時の支援に関して

〈ねらい〉在所中の社会的学びやリービングケアの実態、退所直後の困難を把握する。

〈主な質問項目〉

・退所前の支援（施設からの支援内容、満足度など）
・退所直後の状況（住居、収入源）
・退所直後に困ったこと・相談先
・退所前に学びたい生活面でのノウハウ

4. 退所後の生活に関して

〈ねらい〉退所後の就業・就学の状況、社会での孤立感、支援の実際を把握する。

〈主な質問項目〉

・退所後の進路（就職、進学、中退、学業継続上の困難、離職時期、転職回数など）
・社会に出てから困ったこと

・施設またはＮＰＯへの相談程度

5. 自由回答

6. 基本情報

性別、年齢、施設入所期間、退所年月、施設種別、施設での生活形態、最終学歴。

⑥調査の実施時期

平成22年12月下旬から平成23年1月下旬まで。

第2節　集計結果の概要

1　回答者の属性

①性別

回答者の男女比は男性２９７人（45％）、女性３５６人（55％）であった。

②年齢

「20～25歳未満」が48％と最も多く、「20歳未満」「25歳以上」が各26％を占めた。

③施設入所期間

入所期間は施設別にみると児童養護施設と里親が最も長く、「5年から10年以上」が児童養護施設で75％、里親で81％。自立援助ホームと児童自立支援施設では「1年未満から3年未満」が多く、62％、82％である（表2）。

④学歴

回答者全体（647人）のなかに、学校に「在学中」の人が20％（129人）いた。「在学中」を除いた518人の最終学歴は、「中学卒」23％、「高校卒」58％、「専門学校卒」9％、「短大卒」3％、「4年制大学卒」4％であり、「中学卒」の割合が高い。

施設種別にみると、「中学卒」は児童自立支援（69％）と自立援助ホーム（55％）で多く、児童養護施設と里親では高校卒以上の合計（その他除く）がそれぞれ79％、95％と高い（表3）。

表2　施設入所期間

	児童養護施設 526人	自立援助ホーム 53人	児童自立支援施設 50人	里親 36人
1年未満	1.1%	7.5%	18.0%	0.0%
1年から2年未満	3.8%	35.8%	50.0%	0.0%
2年から3年未満	5.3%	18.9%	14.0%	11.1%
3年から4年未満	7.4%	9.4%	10.0%	5.6%
4年から5年未満	7.4%	5.7%	6.0%	2.8%
5年から7年未満	12.7%	5.7%	2.0%	5.6%
7年から10年未満	18.4%	3.8%	0.0%	0.0%
10年以上	43.7%	13.2%	0.0%	75.0%

〈在学中について〉

在学中の１２１人が現在学んでいる学校は、「高校」43％、「専門学校」23％、「短大」６％、「４年制大学」23％である。児童自立支援施設出身者では「高校在学中」が94％と多く、児童養護施設出身者では「高校」38％、「専門学校・短大」35％、「４年制大学」23％となっている。

※これらの在学者を「卒業見込み」と考慮して、それぞれの最終学歴に振り分けてみたのが表４である。「中学卒」19％、「高校卒」55％、「専門学校卒・短大卒」15％、「４年制大学卒」８％となり、全体の学歴はやや高くなる。

２　現在の生活に関して

①働いているか

「現在働いている人（時々働いている人を含む）」は

表３　施設別最終学歴１（在学中を除く）

	全体 518 人	児童養護施設 421 人	自立援助ホーム 47 人	児童自立支援施設 29 人	里親 21 人
中学卒	23.4%	17.5%	55.3%	69.0%	4.8%
高校卒	58.3%	62.5%	36.1%	27.6%	66.7%
専門学校卒	8.5%	9.9%	0.0%	0.0%	9.5%
短大卒	2.7%	1.9%	4.2%	0.0%	19.0%
4 大卒	3.9%	4.8%	0.0%	0.0%	0.0%
その他	3.3%	3.3%	4.2%	3.4%	0.0%

全体の78%。男性では84%、女性では74%が働いている。「在学中の人で働いている（時々働いている人を含む）」のは58%だった。

②業種

全体的に「サービス業」（26%）と「販売業」（20%）が多いが、中卒者においてはサービス業と並んで「建設業」が28%と高くなっているのが特徴的である。

③雇用形態

全体では「正規雇用（正社員）」として働いている人は39%、「パート・アルバイト」41%、「派遣・契約社員」12%となった。低学歴者ほど「パート・アルバイト」の比率が高く（中卒者は47%であるが、4大卒では6%）、正社員率が低い（中卒で29%、4大卒で75%）という傾向がはっきり読み取れる。

④月収

「5万円未満」9%、「5~10万円未満」17%、「10

表4　施設別最終学歴2（在学中を「卒業見込み」として含む）

	全体 647人	児童養護施設 511人	自立援助ホーム 53人	児童自立支援施設 47人	里親 36人
中学卒	18.7%	14.5%	49.0%	42.5%	2.8%
高校卒	55.3%	58.3%	35.8%	53.2%	44.4%
専門学校卒	11.4%	13.1%	1.9%	0%	16.7%
短大卒	3.4%	2.9%	3.7%	0%	13.9%
4大卒	7.9%	8.0%	5.7%	0%	19.4%
その他	3.5%	3.3%	7.5%	4.2%	2.8%

〜15万円未満」26％で、15万円未満までの合計が52％を占める。これに「15〜20万円未満」（28％）を加えると79％を占め、およそ2人に1人が15万円未満、5人に4人が月収20万円未満という割合になる。学歴別では、4大卒者においてのみ「20〜25万円未満」が最も多く（38％）なり、次いで「15〜20万円未満」（25％）と、相対的に高くなっている。

※パート・アルバイトで働く人が66％と多い在学中の人を除いた収入状況をみると、15万円未満までの合計は46％であるが、20万円未満までの合計は77％となり、ほぼ上記に近い結果となった。

⑤社会保険（各種年金）

「加入している」57％、「加入しているが納付していない」8％、「未加入」25％で、加入納付者は6割を切っている。

⑥社会保険（健康保険）

「加入している」78％、「加入しているが納付していない」4％、「未加入」12％である。

⑦生活保護

「受けている」10％、「受けたことがある」4％、「受けていない86」％。申請中の人がひとりいた。

⑧生活満足度

現在の生活に「満足」27％と「どちらかといえば満足」31％を合わせ58％が「満足」の部類。

「どちらかといえば不満」７％と「不満」９％の合計16％を大幅に上回った。

⑨現在困っていること

用意した15項目のうち、「大変」あるいは「少し困っている」と答えた人の合計が多かったのは、「生活全般の不安や将来」（52％）、「家族・親族関係」（43％）、「経済的問題」（41％）、「仕事」（37％）であった。

⑩困ったときの相談先

困ったときの相談相手としては、「友人」（60％）が最も多く、次いで「施設関係（施設の職員＋元職員）」が45％、「職場関係（上司＋同僚）」が35％、「親・保護者・家族」が26％であった。「配偶者」は14％と意外に低いように思えるが、配偶者のいる人が全体の20％であるから妥当な数と言える。

3　施設での生活と支援に関して

①施設での経験の役立ち度

施設で経験したことが社会生活の準備に「大いに」（42％）と「少し」（32％）「役立った」と答えた人は合計64％。一方「役立たなかった」は７％だった。

②在所中に身についたこと

「掃除・洗濯」（71％）、「基本的生活習慣」（56％）、「社会生活上の基本マナー・ルール」（53％）、「コミュニケーションのとり方」（50％）、「炊事」（45％）、「金銭管理・銀行等の利用の仕方」（36％）などが多くの人からあげられた。

４　退所時の支援に関して

①退所前の進路相談

施設での進路相談に関しては、「十分相談できた」（32％）と「大体相談できた」（44％）を合わせて76％を占める。「まったく相談できなかった」という回答は８％。また、「進路選択の際に自分の気持ちが反映された」と答えた人は、「十分反映」（48％）と「おおむね反映」（23％）を合わせて71％を超え、「ほとんど反映されない」（４％）、「まったく反映されない」（２％）は計６％だった。

②退所前の支援内容

退所に向けて施設から受けた支援は、「就職活動」（38％）、「進学支援」（32％）、「住居探し」（28％）、「自活訓練」（28％）、「保証人など」（26％）であった。児童養護では「就活支援」（39％）、自立援助では「住居探し支援」（49％）、児童自立支援では「進学支援」（64％）、里親では「保証人支援」（67・6％）がそれぞれトップである。

③進学への支援

進学した人に聞いた支援内容は、「奨学金などの紹介」と「入学金・学費などの経済的支援」がともに45％前後と高い。「入学金・学費などの経済的支援」は里親では71％、児童養護で47％を占める。進学後の「学費・生活費などの経済的支援」も里親で38％、児童養護で21％である。その他は学習支援と保証人などの支援である。

④退所前支援への満足度

退所前支援に対し「大変満足」（30％）と「ほぼ満足」（35％）を合わせた62％が満足派。「やや不満」（4％）「非常に不満」（3％）を大幅に上回るが、「どちらともいえない」という微妙な回答も29％ある。満足派は里親出身者（94％）で最も高く、次いで児童自立支援施設（87％）、自立援助ホーム（70％）、児童養護61％の順である。

⑤支えになった人

退所に際して「大きな支えになった人」は全体では「施設職員」（57％）、「施設長」（41％）であり、里親の場合は「施設長（里親）」（89％）が最も高い。児童自立支援施設では「施設職員」に次いで親を上げた人（48％）が多いが、他はいずれも「親に期待しなかった」が半数以上を占める。

5　退所後の生活に関して

①退所直後の生活場所

全体としては「親（保護者）の家に同居」（27％）と「民間の賃貸住宅」（25％）がほぼ同率であるが、就職組では「就職先の寮」（30％）が、進学組では「親（保護者）の家」（40％）がトップであった。因みに、現在の住まいは「民間の賃貸住宅」が42％と、退所直後よりも大幅に増え、自立の様子がうかがえる。

②退所直後の収入源

就職組では「就労収入」（72％）、「アルバイト収入」（23％）が主であり、進学組では「アルバイト」（62％）、「奨学金」（34％）、「親または保護者による支援」（27％）である。

③退所直後に困ったこと

全体的にみて最も多いのは「孤独感・孤立感」（30％）であり、特に女性（38％）や児童養護施設の就職組（33％）、自立援助ホームの進学組（50％）に多い。次いで「生活費」や「金銭管理」がともに25％。自立援助ホーム出身者においては「生活費」（34％）をあげた人が他より若干多い一方、「職場での人間関係」に困ったと答えた人は、他の施設出身就職組でおおむね30数％いるのに対し、19％と低めである。

④相談相手

退所直後、困ったときに相談した相手は、「施設職員」や「施設長」が多く、その合計は児童養護施設出身者で53％、自立援助ホーム89％、養育家庭68％である。児童自立支援施設の場合は「親、保護者」（32％）が「施設職員」（28％）よりやや多い一方で、「誰にも相談しなかった」人が20％いる。

⑤退所直後に必要な支援

「生活相談、仕事相談、対人関係の相談など、相談事全般の窓口」（44％）と「就職や進学への経済的支援」（42％）が多く、この「経済的支援」を必要と考える人は進学組に多い（57％）。また、養育家庭以外では「施設からの精神的な支援」を望む声が35％から50％あり、退所後も相談や精神的な支えとしてのコミュニケーションを望む人が多いことがわかる。

⑥在所中に身につけた方がよいと思うこと

今振り返ってみて「在所中に身につけた方がよいと思えること」を複数回答で聞いたところ、「掃除・洗濯」（71％）、「炊事」（69％）、「社会生活上の基本マナー・ルール」（68％）、「金銭管理・銀行等の利用の仕方」（64％）の他、「コミュニケーションのとり方」（58％）、「基本的生活習慣」（53％）などを半数以上の人があげている。

⑦退所後進路

退所後の進路は、「就職」55％、に対し「進学」（高校進学含む）は37％であった。進学した人（２２７人）のうち、最も多いのは「専門学校」（34％）で、「4年制大学」（26％）、「短期大学」（11％）である。「その他」（30％）と答えた人の多く（74％、50人）は高校への進学で、これは児童自立支援施設に多い。４年制大学への進学は、養育家庭出身者で最も高い38％であった。

※なお、対象者全体（６７３人）から進学率をみると、４年制大学への進学は９％（60人）となる。

⑧中途退学

進学者（２２７人）の79％が、退所時に進学した学校を「卒業」（36％）または「在籍中」（43％）であり、残る21％が「中途退学」をしている。「中途退学」が最も多いのは、児童自立支援施設（29％）だった。

また、施設退所前の進路に関する相談状況と、学校への在籍状況との関連をみると、中途退学率は「十分に相談できた」と答えた人では17％、「大体相談できた」人では21％であるのに対し、「まったく相談できなかった」人では50％（「相談はできたが不十分だった」人では25％）が中途退学をしていることが明らかとなった。

⑨学業を続ける困難さ

学校を続ける上で大変だと感じたことでは、「アルバイトとの両立」（50％）が最も多く、「学費など教育費」（44％）、「生活費・交際費等」（40％）など、学業や人間関係よりも経済的な問題が多くあげられた。

「中途退学をした」人に聞いた「退学の理由」でも、「アルバイトとの両立ができなかった」（41％）が最も多く、それは結果的に「心身のストレス・病気」（33％）や「学科などの内容やレベルが合わなかった」（31％）ために、退学を余儀なくされたことにつながっていると考えられる。

⑩就職の状況

退所後就職した人に、その仕事がどれくらい続いたかを聞いたところ、「3年以上」（30％）が最も多く、これとほぼ同率で「1〜3年未満」がある。残る41％は1カ月以内から1年未満の間に離職している。

また、全員に聞いた転職の回数では、「転職していない」（48％）がトップで、転職「1回」が12％だった。「2回」「3回」「4回」を合わせると27％、「5〜10回以上」は13％である。転職の理由として最も多いのは「給与や労働条件・仕事内容などの事情」（27％）。これに次ぎ、「職場の人間関係」（20％）が比較的多くあげられた。

⑪教育について

退所した後、「機会があれば進学したい」あるいは「進学し直したい」と考えたことがあるかを聞いたところ、「高校に行きたい、行き直したいと考えたことがある」が、最終学歴が中学卒の人においては半数以上（52％）いた。また「大学などにいきたい、行き直したい」は中学卒で6％あるほか、高校卒、専門学校卒、短大卒でいずれも40％前後あった。もっと勉強したいと考えた人が、中学卒で58％、高卒・専門・短大の回答者においても半数近く（「高校へ行き直したい」を含める）を占めていることがわかる。

6　現在の施設やＮＰＯ支援機関との交流について

①施設との交流

「現在施設と交流がある」と答えた人は、全体の81％。とりわけ、養育家庭（97％）と自立援助ホーム（92％）において高い。その頻度と中身は、「時々施設を訪問」（32％）が最も多く、「年に1回程度施設を訪問」（11％）と合わせると43％となる。これはとくに児童養護施設出身者において高い。その他の接触方法は、「必要に応じて主に電話で連絡をとりあう」（28％）、「必要に応じて主にメールで連絡をとりあう」（17％）であった。

②施設出身者の相談支援機関について

支援機関を「知っている」は20％である。また、退所者等のアフターケア事業を行っている当事者グループのＮＰＯ法人「日向ぼっこ」を「利用したことのある」人はわずか12人（2％弱）であった。

7　自由回答

最後の自由回答欄には１２０人が意見や感想を書いてくれた。大きく分類・整理した結果は左記のとおりである。

①肯定的意見、感謝

・養護施設にいてとてもよかった。多くの人との出会い・経験が財産になった。
・よい職員に恵まれ、楽しかった。
・施設での職員や友人が宝物。勇気になっている。
・園での生活は本当に楽しかったし、役に立っている。ありがとう。
・退所直後は世間を知らず、大変だった。でもたまに園に行き、話ができるので助かる。
・施設で丈夫な体にしてもらって感謝。
・施設に入れてよかった。
・大変お世話になりありがとうございました。
・施設にいる間に障害者手帳を取得し、そのおかげで今は社協（全国社会福祉協議会）に支援してもらっている。
・いろいろな経験をさせてもらった。
・両親がおらず、施設で養育家庭に出してもらってよかった。自信がついた。

・愛情を注いで教育してくれたことに感謝。社会に出ていっそう実感した。
・今は施設にすごく感謝している。施設育ちでよかった。
・施設は自分の実家だと思っている。
・自分はよい施設で育ったと思っている。
・施設で自分たちのことを大切にしてくれた職員とは今でも電話や帰郷のときに会っている。
・今考えると多くのことを学ばせてもらったと感謝。アンケートを役立ててください。
・施設での思い出が心の支え。ここまで生きてこられたのはその思い出のおかげ。
・施設が自分にしてくれたことにとても感謝している。
・施設での生活がよい経験となり、今の生活で生きている。
・お世話になった施設に本当に満足している。
・施設での生活は楽しく、勉強になった。たくさんの支援にとても感謝している。
・施設があってよかった。世のなかにはこんなに良い人がいる。
・施設長がお母さんみたいに心配してくれた。今でも顔を見に行くとほっとする。
・施設で暮らせたことは本当によかった。親の考えのなかで唯一良い選択だった。施設は他人との暮らしだが人との信頼は築ける。自分の親に育てられていたら、きっと今の生活はできなかった。もっと孤独で心の貧しい人間になっていたと思う。
・とてもよい施設で育ったと思う。

・施設最高！
・施設に入所したおかげで高校にも行けて本当に感謝している。
・楽しい施設生活でした。周りに人がいて孤独感がなかった。
・施設の集団生活が社会に出て大いに役立った。
・施設でやった野球が楽しかった。
・今になっていろいろなことに感謝している。施設にいてよかった。
・自立援助ホームより児童自立支援施設の方が、職員が暖かかった。家族みたいで良かった。
・児童相談所、ホームの方々に大変感謝している。
・施設の先生方が熱心に私を変えることに協力してくれた。
・里親さんには本当に感謝している。
・里親さんには実子のように育ててもらい、私も本当の親だと思っている。感謝している。
・措置解除する前後は不安だったが、里親さんとワーカーさんが協力してくれたのでとても助かった。
・高校2年で自立援助ホームに世話になり無事卒業でき、感謝の気持ちでいっぱい。
・決して楽ではない生活だったが、とてもためになった。

②否定的意見、不満

・施設では一人の職員から嫌がらせ・虐待を受け、相談しても守ってもらえなかった。

・養護施設の質が低い、衣食住さえ事欠くところもある。
・子どもをいろいろなところへ移動させるのは止めてほしい。
・職員の人間性を見るべきだ。
・知的障害でもないのに障害児学級に入れないでほしかった。おかげで高校での勉強においつくのが大変だった。
・職員の態度（子どもへの接し方、言葉づかい）を直してほしい。
・自分にとっては施設での生活は人生の心残り。できるなら人生やり直したい。
・人間関係が上手くできたなら、施設での生活も良いものになったかもしれない。
・施設の考え方や制度をもっと現代的にするべき。一般児童よりも古い考え方で行動させられて友好関係やバイトに支障出る。
・これ以上自分に関わってほしくない。
・アンケートが自分のところに送られてきたのが遅い。施設長の責任者としての自覚が足りない。

③施設への希望（在所中）

・社会へ出るための準備をもっと充実してほしい。
・退所後どうすればよいかわからなかった。退所後についてもっとくわしく教えてほしかった。
・園では小遣いがどのようになっているか詳しく説明してほしかった。お金の大事さを知れる。

・社会に適応できる知識・学力、自立心（体力）をつけさせるようお願い。
・もっときびしく教育したほうがよい。やさしすぎる。
・施設に入るだけで心にキズが残る。もっとカウンセリングに力を入れてほしい。
・職員はもっと子どもを叱った方がよい。
・施設には不器用な子が多いけど、コミュニケーションとれる子が増えてほしい。
・炊事、洗濯、金銭管理などの基礎的な力と生きる心構えを啓蒙した方がよい。
・社会生活でのルールやマナーを学んでおきたかった。施設だからと馬鹿にされたこともあった。
・本音で子どもと向き合える職員をおくべき。
・養護施設での生活は役に立った面もあるが、社会性を身につけるには足りなかった。もっと外へ出て社会勉強する機会を増やした方がよい。
・卒園後の親子関係は在園中にもっと話してもらった方がよかった。
・社会への適応力を在園中に身につけられるとよい。たとえば一般常識。できないことが多く社会に出た当初は苦労した。
・高校卒業後は寮のある会社への就職しか選択できなかったので、進学も選択できる環境がほしかった。
・少しでも貯金したかったが、当時は（在所中は）アルバイトができなかったので残念。

・もう少し一人ひとりの個性や性格を理解してもらえればよかった。
・家族再統合に向けて、職員と保護者が子どもの情報を共有できるようにしてほしい。
・施設にカウンセラーを置いてほしい。
・里子は相談できる場所がなかった。
・自活訓練ではお金の使い方をもっと指導すべき。

④施設への希望（退所後）

・本当に辛い人は連絡できない。退所後のケア必要。
・退所後の生活費、学費の援助ほしい。
・経済的支援や相談活動が足りない。
・卒園後集まる機会がほしい。
・心に問題を抱えるケースが増え、寄り添ってくれる人や制度が必要。
・退所直後にもっと施設とコミュニケーションをとりやすい仕組みがほしい。
・退所後、人間関係でつまずき、怖い思いをした。今は少しずつ大丈夫になっている。
・施設の職員は人手不足で忙しいので相談したことはない。職員の待遇を改善してほしい。
・退所後2年くらいまでは気持ちが不安定なので、特に助けてほしい。
・年に一度でもよいからアフターケアをしてほしい。親に頼れない人は本当に相談相手に困る。施設の職員に相談できるのが一番良い。

・退所後のフォローのために児童福祉司や職員が定期的に家庭訪問をするなどの対策が必要。

⑤退所後困ったこと

・退所以来賃貸住宅の保証人でいつも困る。何かよい方法ほしい。
・施設出身者向けにアパートの保証人制度を公的に用意してほしい。
・働きながら学校行くのがたいへんだった。
・自分の子をちゃんと育てられるか不安がある。
・園長が代わっていると施設に行きづらい。
・施設を出てから周りとの違いを感じて寂しく思う人が多い。
・相談相手がいない人が多いかも。
・出てみると、施設にはいろいろなありがたみを感じるけど、やっぱり孤独感はある。
・悩みがたくさんあり、相談できる人が近くにいなくて困っている。
・家族がバラバラ、いつもひとり。たまに施設に帰りたいと思うときがある。
・なんでも相談できる人がほしい。
・今は誰も信じられない。
・人とのコミュニケーションに困っている。
・生きることが本当にしんどい。生きることをやめることも考えている。
・施設は良かった。衣食住そろっているからまた戻りたい。社会の対人関係はきつい。

⑥日向ぼっこ

・日向ぼっこは好きでない。活動内容もあまり理解できない。

・退所後、相談できる機関があることを知らなかった。困ったことがあったら相談したい。

⑦その他

・アンケートを送れない人のことも考えて。

・都や国の職員は施設の子どもたちを自分の足で回って見て、聞いてほしい。

・このようなアンケートあるのはすごい。続けてほしい。

・アンケートを役立ててよい支援体制をつくってください。

・アンケートの質問がむずかしい。長すぎる。

・施設にいたことを負に思ってほしくない。

・つらかった。でも仕事に役立った。

第３節　調査結果から

本調査の回答から、施設などの出身者の持つ課題や不安をある程度つかむことができた。その大きな一つは、雇用形態の不安定な状態、低学歴と低収入との関連、生活保護受給の高さなど「経済的な問題」である。いま一つは、相談できる相手がいないことや頼る相手が身近にいないことからくる不安や孤独感など、「精神的な問題」である。

今回の調査は、退所後１年から10年までの施設等出身者（３６３３人）を対象とし、連絡先が把握できている全員（１９１０人）にアンケート用紙を送ったが、回答があったのはその35％（６７３人）であった。最後の自由回答欄に記入してくれた人もいるが、本当に辛い人はアンケートに答えることもできないと考えられる。

そうした状況もふまえつつ本調査結果を読み、見えないところからのニーズにも応えられる施策が必要と思われる。

第４節　一般人口との比較──社会的不利と困難

１　進学状況

退所児童たちは社会に出るスタート時点で、さまざまな社会的不利な状況に置かれていることが明らかになった。

①低い高校進学率

一般人口では高校進学率は98％（東京都「平成22年度学校基本調査報告」による）であるが、本調査回答者では中学卒が18・7％ときわめて多い。

とくに自立援助ホーム出身者の約半数は中卒という現状は今後の課題である。

本調査の実施時点において、回答者の２割が高校や専門学校・短大、大学などに在学中であり、彼らが卒業すれば最終学歴は若干高まるはずであるが、卒業を見込んで再計算した場合でも高卒者は最も高い児童養護施設で58・３％、最も低い自立援助ホームでは35・８％にとどまった。

児童自立支援施設においては、調査時点で高卒は17％であり相対的に最も低く、中卒が43％と高い。しかし「高校在学中」の人が相当数おり、彼らが中途退学をしないで無事卒業すれば、最終的に高卒は53％まで高まるはずである。ここに向学心の一端を垣間見ることができると同時に、退所後の進学支援が強く望まれる。

②大学等進学率

一般人口で56・２％に対し、退所児童においては７・９％（「在学中」を卒業見込みとして計算）とかなり低い。

里親と児童養護施設出身者に大学進学者が育ちつつあり、「在学中」を含め、４年制大学への進学者は里親19・４％、児童養護施設８・０％と相対的に高くなっている。

児童自立支援施設においては、大学・短大・専門学校のいずれへも進学者は皆無である。現段階では高校進学が大きな目標ということか。

③中途退学と経済的要因

高校中退者は、一般人口では１・７％に対し、退所児童全体では７・７％と高い。

中途退学理由として、一般人口では「学校生活・学業不適応」が39％と最多であり、経済的理由は２・９％である。

一方、退所児童が学業を続ける上で大変だと感じたことは「アルバイトなどとの両立」50・２％、「学費などの教育費」43・６％、「生活費・交際費など」39・２％と、いずれも経済的理由が多い。

中途退学の理由も、児童養護施設出身者で「アルバイトとの両立ができなかった」44・７％、「心身のストレス、病気」39・５％、「学費などの負担」31・６％と続き、一般と比べて経済的要因の絡む理由がきわめて多い。進学への経済的支援策が求められる。

2　就職

①新規学卒者の就職率

一般人口の中卒就職は０・５％と非常に少なくなってきているが、退所児童の中卒就職の比率は61・７％ときわめて高い。

高卒就職率は退所児童においては81・９％であり、これも一般人口の大学進学率56％を考えると、たいへん高い比率と言える。

②離職状況～就職後１年間の離職率

一般人口の１年以内離職率は中卒で40・１％、高卒で17・１％であるが、退所児童では中卒53・６％、高卒32・８％といずれも一般を上回り、とりわけ児童自立支援では87・５％と極端に高い。

③離職状況～就職後３年間の離職率

３年以内離職率となると、一般人口では中卒者65％、高卒者40・４％、大卒者31・１％となる。これに対し、

表５　離職率

	在職１年	在職３年
児童養護施設	33.3%	67.9%
自立援助ホーム	38.2%	79.4%
児童自立支援施設	87.5%	93.7%
里親	28.1%	68.7%
退所児童中卒	53.6%	77.5%
退所児童高卒	32.8%	63.5%
一般中卒	40.1%	65.0%
一般高卒	17.1%	40.4%

退所児童は施設種別により多少の違いはあるものの、いずれも67％以上の高い割合であることが明らかである。

とくに児童自立支援は93・７％と９割以上が３年間に離職していることが明確となり、このことはリービングケアの中長期的な取り組みや施策のニーズが高く切実であることを示している。

3　生活保護

①退所児童の９・５％が生活保護受給者

東京都における20代の生活保護受給割合が０・３％であるのに対し、退所児童全体では９・５％ときわめて高い割合である。現在「受けている」に「申請中」と「受けたことがある」を合わせると13・９％にのぼり、退所児童の生活の困難さを表している。また、現在在学中の人においても受給者率は14・４％と高く、退所児童の家庭に要保護家庭の割合の高さが明らかになった。今後、養護ニーズとリービングケアの統合性を達成していくために、児童の家庭背景の実態把握も早急に必要と思われる。

②家族・親族との関わりに困っている率

「現在困っていること」においても生活保護受給者では「家族、親族関連」で「大変困っている」（19・3％）、「少し困っている」（35・1％）が非受給者に比べて高く、両方を合わせると半数以上になる。

同様に「生活保護を受けたことがある」人においても家族、親族に「困っている」が半数いる。

生活保護を受給し、社会的経済的困難を抱えている退所児童は、同時に家族などの問題も抱えている割合が高く、家族支援やそれに代わる支援プログラムのニーズの高さが示唆される。

第5節　中卒者のハイリスク

中卒者においては77・5％が就職後3年以内に離職し、約70％が9回以内の転職を経験しているなど、中卒者の社会的経済的に不安定な生活状況が浮き彫りにされた。

また、生活保護の受給率が他の学歴者より高く（12・5％）、中卒で退所していくリスクの高さを示唆している。

表6　学歴・生活保護受給・正規雇用率

	中学卒業	高校卒業	大学進学	高校中退	生活保護	正規雇用
児童養護施設	14.5%	51.5%	5.5%	21.1%	8.0%	40.1%
自立援助ホーム	49.1%	32.1%	3.8%	14.3%	15.1%	32.5%
児童自立支援	42.6%	17.0%	0	29.0%	18.8%	28.1%
里親	2.8%	38.9%	11.1%	14.3%	10.8%	42.9%
一般人口	32.8%	99.5%	56.2%	1.7%		

「現在困っている問題」でも、家賃や生活費などの経済問題、生活全般や将来の不安、就労をあげている割合が相対的に高く、生活の困難さが理解される。

これらを総合したとき、最も社会的排除のリスクが高い低学歴要因を取り除くべく、早急なリービングケアが必要とされる。

第６節　自立援助ホームの特徴と課題

中卒の割合が高く、高校中退も多く、転職回数は５〜９回が28・6％と他施設に比べて高い。就職３年以内での離職率も８割近くにのぼり、いろいろな意味において社会的リスクが高い。心理的にも、「家族や親族との問題」や「生活や将来への不安」「孤立感」などを抱えている割合が他の施設より高いのが特徴である。

生活的支援と心理・メンタル的な支援の両方のニーズが高く、社会的養護の新たな課題と考えられる。

第７節　児童養護施設と里親との比較検討

退所後の「困っている問題」として「家族・親族」や「孤立」は児童養護施設に高く、里親は少ないが、「生活の不安」や正規雇用の割合などは里親の方が課題を多く持っている。

さらなる詳細な比較検討が必要ではあるが、おおよその傾向として、里親養育でうまく措置解除に至った場合には、里親での生活経験そのものが社会への移行をスムースにする機能を果たしている側面があり、そうしたことが孤立感や家族の問題などへの心理的問題を軽減している可能性が考えられる。

一方、就職や雇用、生活環境の整備などは、児童養護施設での組織的な取り組みが児童たちの退所後の進路や生活環境整備に有効に作用している可能性が考えられる。

これらにより、マッチングが良好な場合には、里親養育からの社会への自立がスムースに果たせる可能性が高いが、里親の個別性に負う比重が高くなる。

表７　現在困っていること

	家族・親族	生活費・経済的	将来不安	孤立	心身の健康
児童養護施設	11.9%	14.5%	17.6%	8.0%	9.5%
自立援助ホーム	17.0%	15.4%	23.1%	11.8%	5.8%
児童自立支援	10.6%	10.4%	16.7%	4.3%	2.1%
里親	0%	5.7%	8.6%	2.8%	0%

一方、児童養護施設では組織的、かつ経年的な集積から退所児童の支援が有効に作用している傾向が示唆され、リービングケアの取り組みとして、個別性に偏らず安定した支援を供給できる体制にあることも明らかになった。

結論と提言

本調査では雇用形態、収入、生活保護受給、困っていることなどを通して、低学歴者のさまざまな社会的不利が浮き彫りになった。

また一方で、対象者の2割は退所した現在も上の学校へ在学しているという事実もある。しかし、退所時に進学した人のなかでは2割以上がその学校を中途退学しており、退所後学業を続ける困難さ（最多の理由はアルバイトとの両立困難）が示唆された。

退所児童の学歴を一般レベルにまで高めるためには、退所後の生活および学業継続を支援し、社会的・経済的リスク要因を軽減するアフターケア体制の確立が必要と思われる。

その一つの方策としては、施設等への在所期間を20歳まで引き上げることである。より安定的な精神生活・日常生活を送ることで学業を継続し、一般と遜色のない社会人として退所することが可能である。

また、本調査では「日向ぼっこ」などの外部支援機関を利用する人はほとんどいなかった。また、認知度も興味も薄いと言える。退所児童には積極的に自分から求めようとする気持ちが低いようだ。自己社会化への支援が必要と考えられる。

結局、退所児童たちは何か相談事があるときや困ったとき、施設の職員や施設長などにアドバイスを求めることが多い。出身施設には自分の生い立ちをよく知っている人がおり、自分を受け入れてくれる安心感がある。

人と人とのつながりのなかにこそ、よりよいケアが成立する。退所後のアフターケアについては、別の組織をつくるのではなく、それぞれの施設が支援し続けることが重要だと思われる。

しかし自由回答では「施設長や職員が変わると行きにくい」という声も聞かれ、人によっては退所後も世話になることを遠慮する様子もみられた。

施設側に受け入れ体制をきちんと用意することで、施設はいつでも堂々と帰れる場所となる。退所児童の「孤独感」や「不安感」を共有し、生活上のアドバイスを与え、より社会化できる人間として再び社会に送り出す機関として、各施設を充実させることが必要と思われる。

むろん、その場合には各施設に専門の職員をおくことは不可欠である。

第3章

社会的養護を必要とする施設・里親出身者の青年期支援について——NPO「ふたばふらっとホーム」の全国調査より

井上　仁

はじめに

筆者は、特定非営利活動法人ふたばふらっとホーム（以下「NPOふたばふらっとホーム」とする）が行った２０１１（平成23）年度厚生労働省若者支援のためのセーフティーネット支援対策等事業費補助金（社会福祉推進事業分）による、全国児童養護施設協議会・全国里親会・全国児童自立支援施設協議会などの協力と合同協議の上での全国の里親や施設出身者への調査に、アドバイザーとして参加をする機会を得て、その調査データから考察をしてみた。

この調査の目的は「社会的養護を必要とする者の措置解除後の自立に関する意識調査」となっており、施設職員であった筆者にとっても、いまだに続く当時の子どもたちとの関わりから見えてくる問題（施設後の支援や関わりの限界など）であった。

さらに、児童養護施設の子どもたちのために現在大学の教室を利用して日本大学文理学部学習支援学生ボランティア活動「桜んぼ塾」を行っており、中学生から高校生が自らの意思で通塾して来ているが、大学生と勉強をしながら学習意欲を高め、高校や大学を目指す子どもたちが出ているなかで、この調査に出会った。高校通学は施設からの進学が保証されているが、大学を目指す子どもたちには大学進学について簡単に話せない現実があり、若者支援としての社会的養護の現状の課題に突き当たっている。

児童虐待などを起因として、措置という行政処分で家族から分離され、施設や里親のもとで暮らすことを余儀なくされた子どもたちの措置後の保障は、誰が責任を持つのかという問題意識がある。社会的養護を必要とするという要件は、児童福祉法の規定である18歳未満までのことでしかないのであろうか。

国は、子ども・若者育成支援推進法（平成21年法律第71号）に基づく、「子ども・若者ビジョン」のなかで「児童虐待などの被害者の中には、帰れる家も頼れる人もなく、社会における受け皿も不十分な中で居場所を探し求めている子ども・若者もいます。家庭や地域における養育力の低下が指摘されている中、このような困難を有する人々に対する支援はもちろんのこと、社会全体で子ども・若者を見守り、育てる機能を果たしていかなければなりません。このため、大人の側でも自覚を持って社会のあり方を見直すとともに、必要な費用は子ども・若者自身の幸せのためだけでなく『未来への投資』『社会への投資』と位置づけて施策を推進していきたいと考えています」と言っている。そして「すべての子ども・若者の成長・発達を応援するとともに、困難を抱えている子ども・若者がその置かれている状況を克服することができるよう支援する」としており、重点課題として「様々な困難を有するがゆえに特別な支援が必要な子ども・若者がいます。その困難は、ニート、ひきこもり、不登校等社会生活を円滑に営む上での困難や、障害、虐待を始めとする犯罪被害、定住外国人であることなど多岐にわたっていることから、それぞれに必要な支援を行っていきます。非行や犯罪に陥った子ども・若者については、その抱える困難に配慮し、社会の一員として立ち直ることができるよう支援します。子ども・若者本人だけでなく、家族に対する支援も行います。また、『子どもの貧困』問題についても積極的に取り組みます」と示している。具体的な方策として「また、すべての意志ある子ども・若者が経済的理由により希望する教育を断念することがないよう、初等中等教育においては、高校の実質無償化の定着等を図るとともに、引き続き、市町村が実施する就学援助の促進等を図ります。また、教育に係る経済的負担の一層の軽減を図るため、必要な支援措置に取り組みます。特に学習者の負担が大きい高等教育については、奨学金の充実とともに、実質的な給付型の経済的支援として、大学等が行う授業料減免措置の支援等に取り組みます」とも言っているので、大学に進学したい夢を持つ社会的養護を必要とする青年にもその機会は与えられると考えることができる。

しかし、次の春に大学に進学をしたいとする児童養護施設や里親から措置解除される予定の子どもたちには、この「子ども・若者ビジョン」に書かれている約束が、具体的にはみえていない現状がある。

入学時における民間の基金等の支援や、入学後の学費の補助に日本学生支援機構などの奨学金（事実上は借入金）など、経済的支援がないことはないが、社会的養護を要する子どもへの支援として経済支援だけで事足りるとすることはできない。

措置解除後の生活支援（社会的自立支援）が必要であり、「子ども・若者ビジョン」が指摘する青年期までの若者支援の連続性の必要性からみても、社会的養護を要する若者への支援が具体化していない（措置解除後の支援がない）。現状では「子ども・若者ビジョン」が、社会のセーフティーネットとして児童福祉法からの連続支援の役割を果たしているとは言えない現状がある。多くの自治体が、児童福祉法以降の若者支援の担当部署すら持っていない現状では「子ども・若者ビジョン」の示す内容は、とくに社会的養護を要する子どもたちにとっては、絵に描いた餅でしかない。

このような問題意識に基づいて、今回の調査分析にあたった。

第1節　調査の対象となった若者の状況

1　調査対象者の特徴

①調査方法

今回の調査は、全国の施設や里親が連絡を取れる出身者への意識調査（調査票の送付）という方式で行っている。各施設（里親）から、５名を抽出してもらい調査票の発送を依頼し、NPOふたばふらっとホームに郵送によって回答を送ってもらう方式で実施されている。

②回収率

実査に配布された調査票は、１４０５票で回答された調査票は９４９票となり、68％の回収率となっている。全国調査で郵送法による回収率としては高い数値を示し、調査協力への意欲の高さを示している。

③施設種別

調査回答者の施設種別は、グラフ（図１）の通りで、児童養護施設が76％を占めている。調査分析では、施設種別ごとの傾向についても行いたかったが、今回の調査回答数との関係で言えば回答数の少ない施設では有効な回答と判断をすることが難しいため、行うことができなかった。次回以降の調査における課題であるが、各施設のサンプルの抽出数を限定するのではなく、数的調査として分析が可能なサンプル数を確保することを考慮した調査方法を取り入れる必要がある。

この背景には施設や里親が連絡を取ることができ、調査を頼みやすい関係がある対象者が選択をされた結果があると言え、措置解除後の対象者ではあるが、施設や里親との信頼関係が成立している人が対象となっていることが特徴であることを踏まえて調査結果の分析をする必要がある。

④年齢・婚姻状況

調査者の平均年齢は、24・7歳（男性25・3歳、女性24・3歳）であった。婚姻状況は、男性の21・1%、

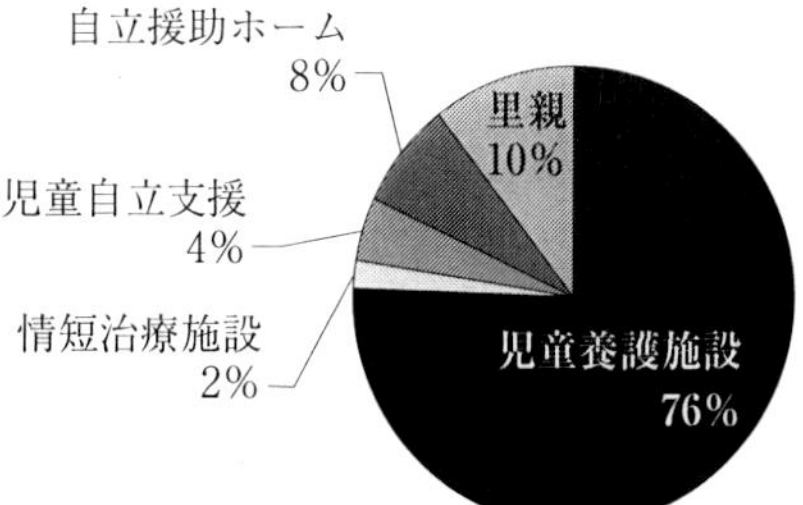

図１　施設種別

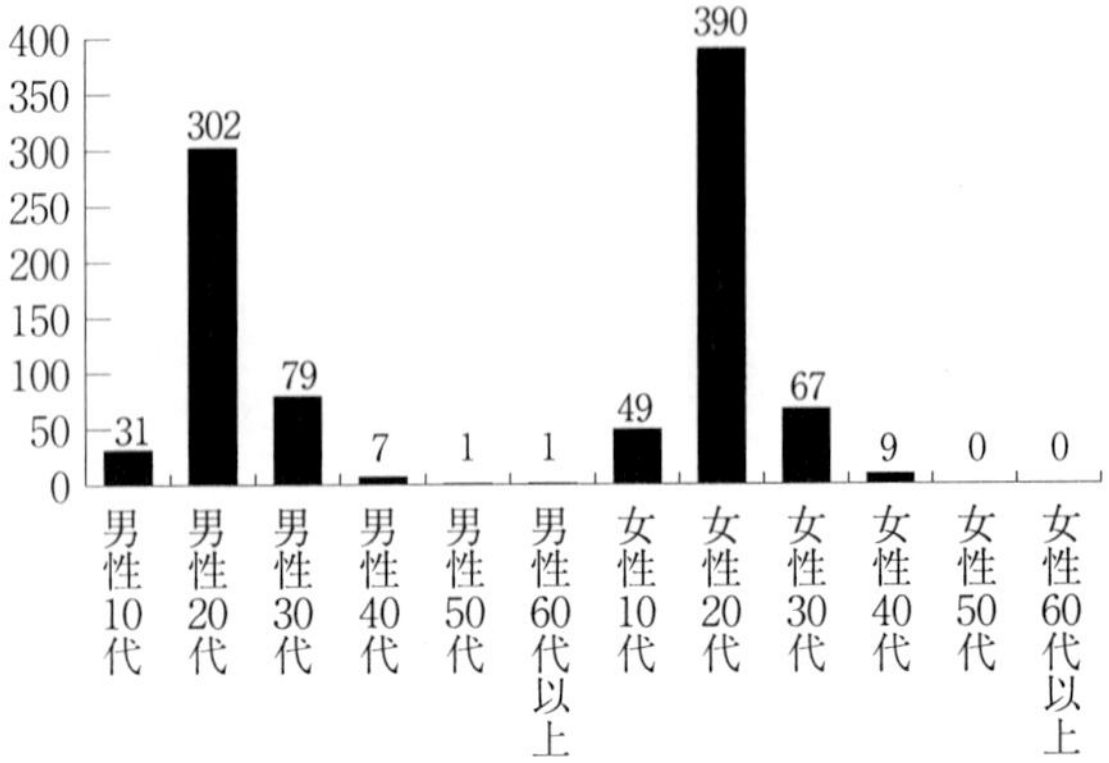
400
350
300
250
200
150
100
50
0
31
302
79
7
1
1
49
390
67
9
0
0
男性10代
男性20代
男性30代
男性40代
男性50代
男性60代以上
女性10代
女性20代
女性30代
女性40代
女性50代
女性60代以上

図２　年齢分布

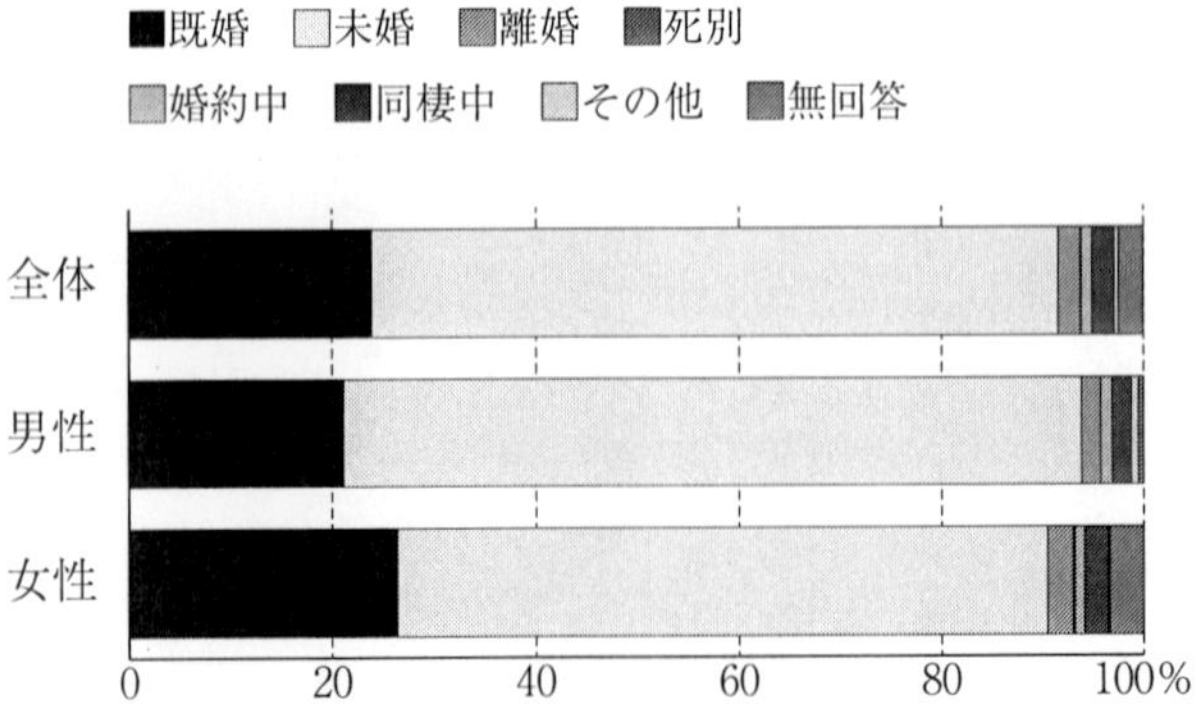
既婚
未婚
離婚
死別
婚約中
同棲中
その他
無回答
全体
男性
女性
0
20
40
60
80
100%

図３　婚姻状況

女性では26・４％で、女性の方が家庭を持つ比率が高くなっている。

施設種別では、先に述べたようにサンプル数の関係で比較が妥当かどうかはわからないが、児童養護施設23・６％、里親21・５％、児童自立支援施設17・１％、情緒障害児短期治療施設５％であった。また、施設にいた期間が長いほど既婚率が高くなっているのが今回調査結果では示されている。

今回の調査では、婚姻等への意識に関しての調査を行っていないのでこれは推測に過ぎないが、施設での生活が長く家族と離れて暮らしていた人ほど家族へのあこがれが強く、比較的早く家族を持つ傾向にあるように感じる。

このような調査結果からも、家族を持つことへの支援などの必要性も施設措置期間の若者には必要とされる。全国的な平均に比べて早く婚姻をする傾向にある社会的養護を必要とする若者への支援では考慮を要する課題であると思う。

⑤家族状況

また、措置解除後の家族関係はグラフ（図４）にあるように、今回の調査ではひとり暮らし率は44％で、家族と離れて暮らしている人が多く見られる。この調査からは家族からの支援の有無については判別はできないが、多くの人が家族と離れて暮らしていることが示されている。

社会的養護を要するということは、家族支援が十分でないと判断されての措置がなされたということでもあり、措置解除ですべて社会的養護の問題が解消されたと考えることはできないなかで、ひとり暮らしや家族と暮らしていない現状をみると、家族支援が得られないという問題を抱えながら暮らし続けている現状が見えてくる。

〈調査対象者の特徴〉

今回の調査対象者は、調査票配布の方法からもわかるように、施設や里親からの措置解除後の社会的養護を必要とする若者のうち、施設や里親との信頼関係などがある程度確保され、調査への協力ができるという状況から考えると、比較的安定をした生活を営む人であるとみることができる。

措置解除後に社会的養護を必要とし、今現在困窮した生活をしている人へのアプローチは、今後の課題である。アフターケアの制度化のなかで、この部分がどれほどフォローアップされているかについては、今回の調査では調査項目としていないが、社会的ニーズの把握の観点からも調査結果分析のなかで各施設担当者からもその必要性が示された。今回の調査結果分析の

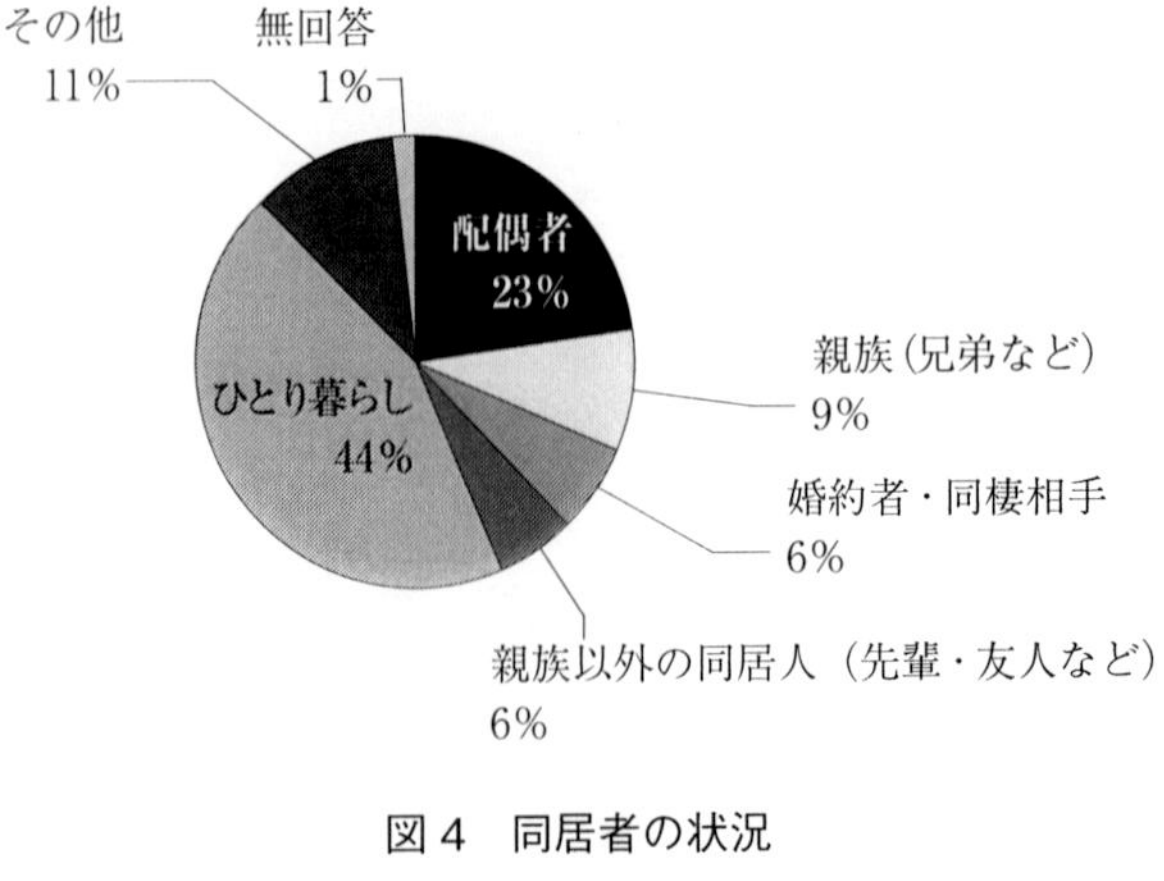
その他
11%
無回答
1%
配偶者
23%
親族（兄弟など）
9%
婚約者・同棲相手
6%
親族以外の同居人（先輩・友人など）
6%
ひとり暮らし
44%

図４　同居者の状況

サンプルとしての性格をこのように置いた上で、分析を行った。

2　施設（里親）との関係

今回の調査対象者の措置期間は、10年以上の人が36％を占めており、比較的在園期間が長い人が多かった。施設が調査を依頼するにあたって連絡が取れることが前提となり、施設との関係（施設職員との関係）がある人に限定されていることから、このような結果となったようである。

厚生労働省児童養護施設入所児童等調査結果（平成20年2月現在調査）によると、平均在所期間は児童養護施設4・6年、里親3・9年となっており、10年以上の在所期間の割合も児童養護施設では5・7％であり、この結果の比較でも今回の調査対象者の在園期間が長いことをその特徴としてあげることができる。

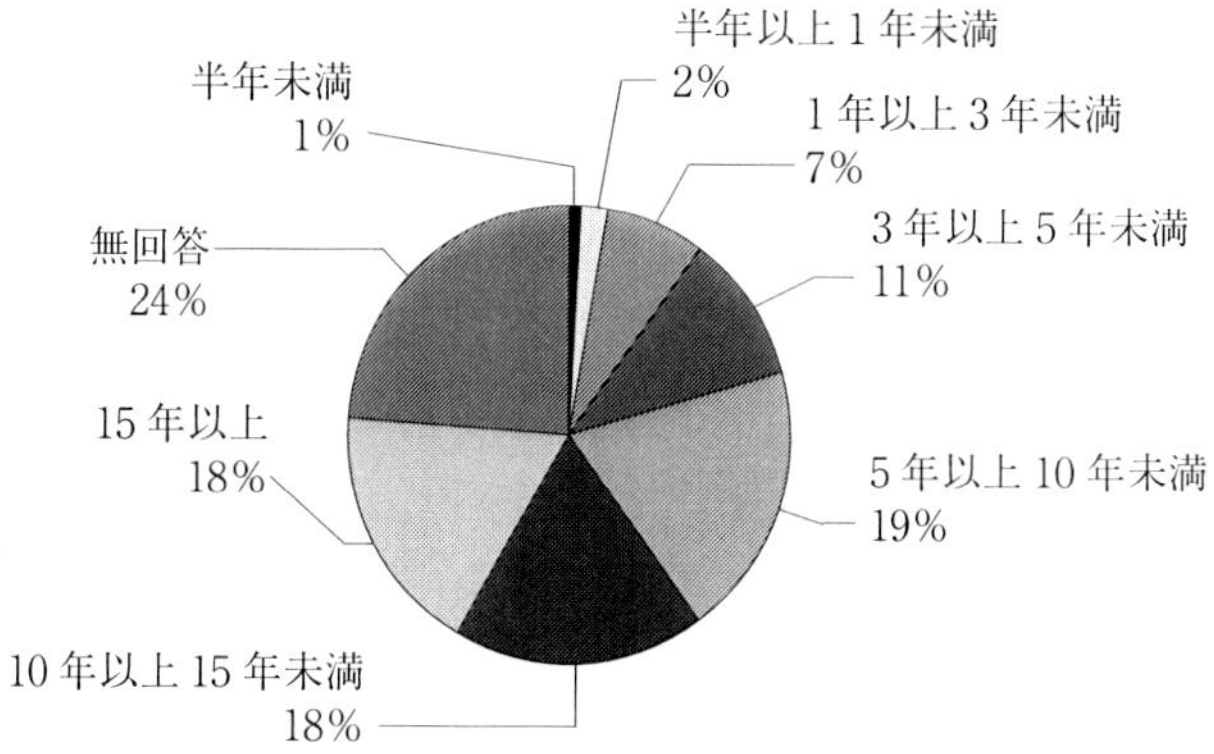
半年以上1年未満
2%
1年以上3年未満
7%
3年以上5年未満
11%
5年以上10年未満
19%
10年以上15年未満
18%
15年以上
18%
無回答
24%
半年未満
1%

図5　措置（在園）期間

在園期間が長く施設や里親との関係が良好であり、なおかつ調査段階で連絡が取れ回答できるということは、かなり安定した生活を送っている人が回答をしてきていることを前提にする必要があると思う。

調査回答でも81％の人が安心した生活を送ることができたと回答をしており、施設や里親との関係性については、安心できる環境にいたと感じていることからも、かなりの信頼性が示されているとみることができる。

参考までに施設種別でみたものを示すと、里親を経験した子どもの89％が安心を感じており、他の施設よりは高い数値を示している。ただ、繰り返しになるが、サンプル数の関係で今回の比較が実態を示しているとは言えないものの、里親（98サンプル）や児童養護施設との比較では、この結果を参照することは問題ない。

また学歴別での比較をすると、学歴の高い者ほど安心感を得ていることが示されている。社会的自立の必

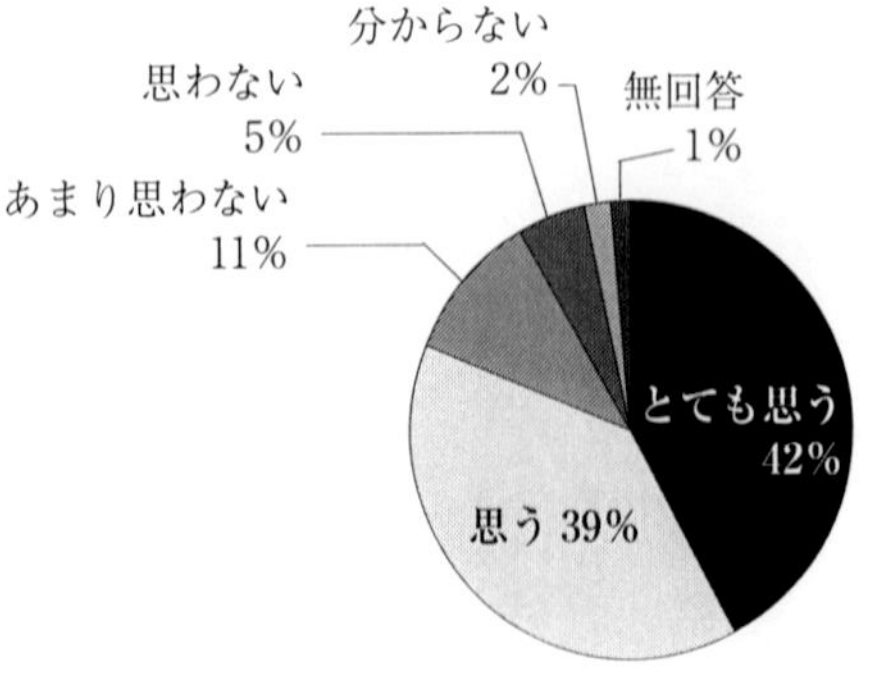

図６　安心した生活ができた

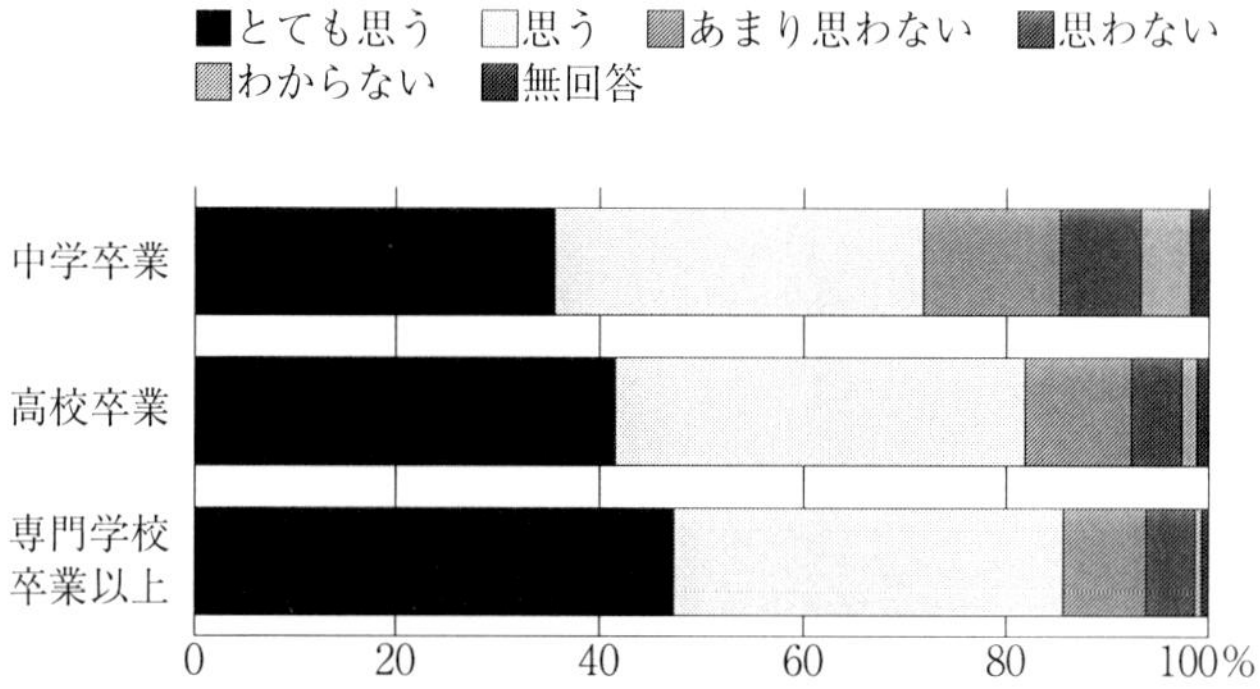
■とても思う　□思う　▨あまり思わない　■思わない
▨わからない　■無回答
中学卒業
高校卒業
専門学校
卒業以上
0
20
40
60
80
100%

図７　学歴別 安心感の差異

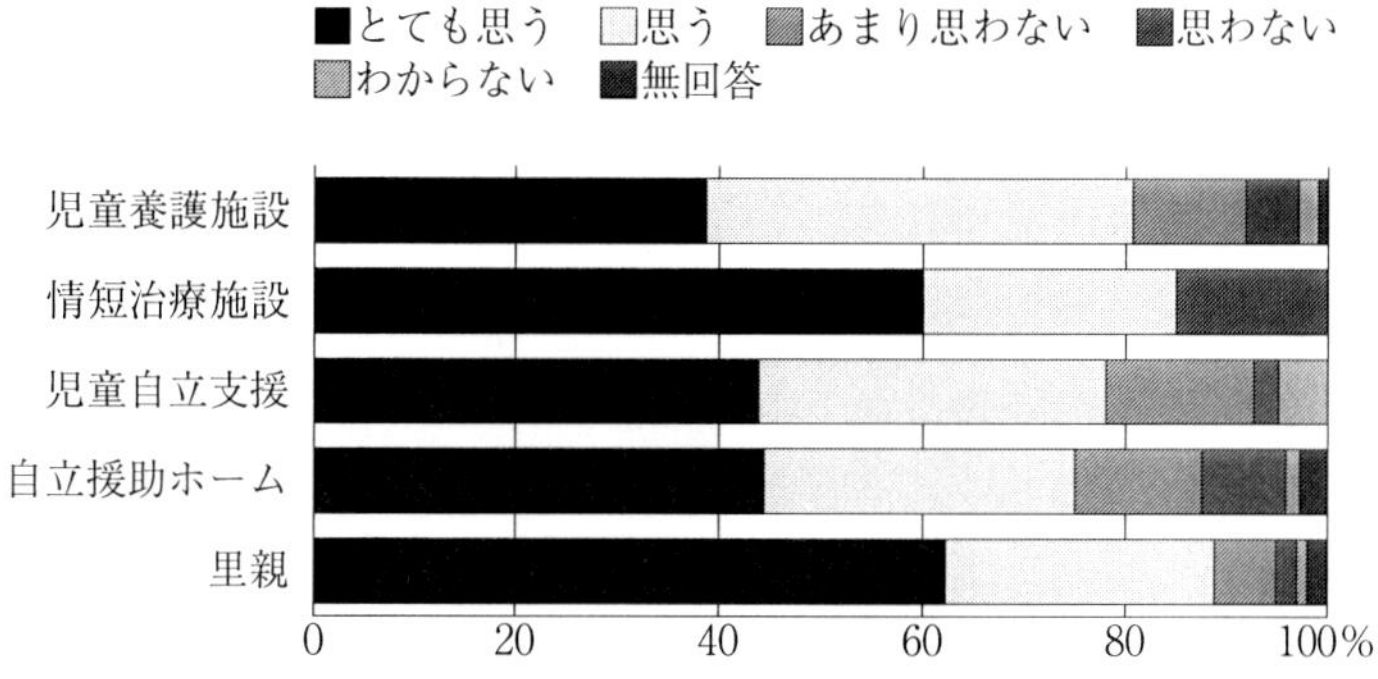
■とても思う　□思う　▨あまり思わない　■思わない
▨わからない　■無回答
児童養護施設
情短治療施設
児童自立支援
自立援助ホーム
里親
0
20
40
60
80
100%

図８　施設別 安心した生活ができた

要性について考えていくときに、学歴が資格などと同様の条件として評価を社会的に受けるということもあるが、社会的養護を必要とする子どもたちが安心した生活環境を体験していくという要件としてもみることができよう。

単に社会的な資格要件として高校などの学歴をみることも必要ではあるが、それ以上に高校や専門学校などの期間を、安心して過ごすことのできる（感じることのできる）期間としての必要性が示されていると言える。

第2節　調査結果から施設後の社会的養護についての考察

1　自立支援への準備

児童福祉法が児童養護の目的に自立支援を掲げ、施設や里親は自立支援計画を作成して子どもの社会的自立をサポートする仕組みとなっている。18歳以降の生活支援を見据えたサポート（就労支援を含めて）が、措置をされた子どもたちに提供されることになっている。

自立支援の大きな柱は、日常的な生活を営むスキルや知識であり、就労などの社会参加を前提とした手続きなどのスキルや知識、さらに経済的な生活を営むためのスキルや知識、社会的関係性を維持するためのコミュニケーションスキルや危機管理のスキルや知識が柱として考えられる。

日常的な生活に関わるスキルや知識に関しては、身辺の管理（掃除などの衛生管理や健康管理など）や住居などの環境の整備などがその柱となろう。施設などでは、清掃や洗濯など日常生活での環境に関わる活動は、多くの場合子どもが参加をして実施しており、スキル獲得などでは問題にはならないと予測される。しかし、問題はこのような日常的な諸作業が、自立支援として意識化されて行われているかどうかである。単なる分担作業（強制的な作業など）として行われているのであるならば、子どもは一つひとつの作業の意味を理解せずにノルマとして行うことになり、スキルや知識の獲得になっていない可能性もある。

さらに自立支援計画などにより就労や就学（専門学校や大学などへの就学支援）へのサポートが、子どもへ計画的に行われているのか、とりわけ施設においてはプログラム化された取り組みが行われ、子どもがそのことを意識できているかなどが問題となる。当然のことながら、その内容に子ども自身のエンパワーメントが実現される条件（選択肢の多様性と子どもの自己選択の実現）が整えられているかということなどに問題意識を持つ必要がある。

社会参加の基盤的な条件となるコミュニケーションのスキルや知識の獲得においては、地域社会との日常的な関係を築く取り組みが施設（里親）によって意識的に行われること、異世代との交流や地域住民との共働や交流の内容などが問われる。

特に児童自立支援施設では、処遇プログラムの必要性から意識的に地域社会からの隔離的な条件を課しているだけに、自立支援計画における社会参加プログラムについては非常に難しい取り組みが求められる。公教育導入後は中体連等への参加など、以前よりも地域社会に触れる度合いが増えていることは予見されるが、子どもの処遇の基盤的な取り組みの枠組みを変えることは難しいだけに、自立支援のありようの検討は必要である。セコンドハウス（施設外の家）やハーフウェイ（路半ば）社会参加プログラムなど、施設措置解除後に直接社会に子どもを参加させるのではなく、社会参加の過程をサポートするサービスを介在させる必要がある。措置解除後に社会参加の準備期間としてサポートを受けられる中間的な居場所（家）を設けたり、子どもの身近な場所で措置解除後も就労や進学のサポートなどを行い、社会参加がスムーズにできるようなサービス（就労に関わる相談、経済的な支援に関する相談等や居住に関するサポートなど）が行える仕組みが必要である。

危機管理に関する自立支援のありように関しては、前述のコミュニケーションスキルを基盤として、医療的な対応の知識や離職や経済的な困窮時の対応の知識、緊急避難場所の確保というような緊急時のアプローチなどができる関係性の確保など、社会的養護を必要とする子ども自身のスキルや知識以外の要素も求められることになる。施設退所後の緊急避難場所として、自立援助ホームなどが制度的にはあげることができるが、児童福祉法上の児童福祉施設になったことにより財政的な補助による運営という枠組みのなかで、施設後の子どものどこまでを受け入れられるのかは難しい問題となっている。かつてのように20代半ばまでをサポートの対象として長い期間をかけてランディングをさせるという考え方は、今まさに社会的養護を必要とする若者にとって必要なことであると思う。

緊急避難的な場として、施設がどこまで機能できるかについては、今回の調査では行っていないが、措置解除後の受け入れについては、アフターケアの一環としての取り組みは制度化されてはいるが、一定期間暮らしを支えるという仕組みはなく、施設や里親の努力次第という現状では多くを望めない。

2　社会生活の準備はできているのか

今回の調査で「社会生活への準備ができていたかどうか」については、グラフ（図９）のような結果が出ている。先に述べたように、日常生活における掃除や調理などに関しては80％以上の人が「準備できた」と答えている反面、契約に関わる事項や経済的に困窮をしたときの対応の方法については「準備ができていない」と70％近くの者が感じ、「準備ができていなかった」と半数の人が感じている。

日常生活での買い物や交通機関の利用などについては、多くの人が「準備はできた」と答えている反面、2割近くの人が「できていない」と答えている。施設などでは、交通機関を利用するにあたって救護割引などを使用するために個人で購入する体験などが乏しいことなどが原因として考えられる。さらに集団給食方式の施設も多く残っており、調理の機会なども十分でない子どもたちが20％近くに上るのではないかとも思われる。

社会的体験による社会参加の準備については、アルバイト体験の差異によってどれだけ違うかをみてみるとわかる。社会体験の高さが社会へのマッチングへの準備の指標となっていることがわかる。「経済的な対応や契約などへの対応ができた」と答えているのが、アルバイト経験のある者の方の比率が高いことからも、アルバイトを通じて社会人との交流などにより知識が得られているのではないだろうか。

一方、アルバイトを経験していない人では、「交通機関の使い方ができない」や「契約などができない」とする率が高い。アルバイトを通じての社会体験やそこから得られる知識などの獲得が、社会的養護を必要とする子どもたちにとっては重要な社会参加の準備となっていることがわかる。

このような社会体験を施設のなかのプログラムとしてこなすことは非常に困難で、むしろ社会参加を促進していくなかで子どもたち自らが学ぶ機会をいかに設けていくかが必要ではないかということがこの調査結果からみることができる。

とかくアルバイトは、施設後の経済的な生活を支えることが目的とされているが、社会参加

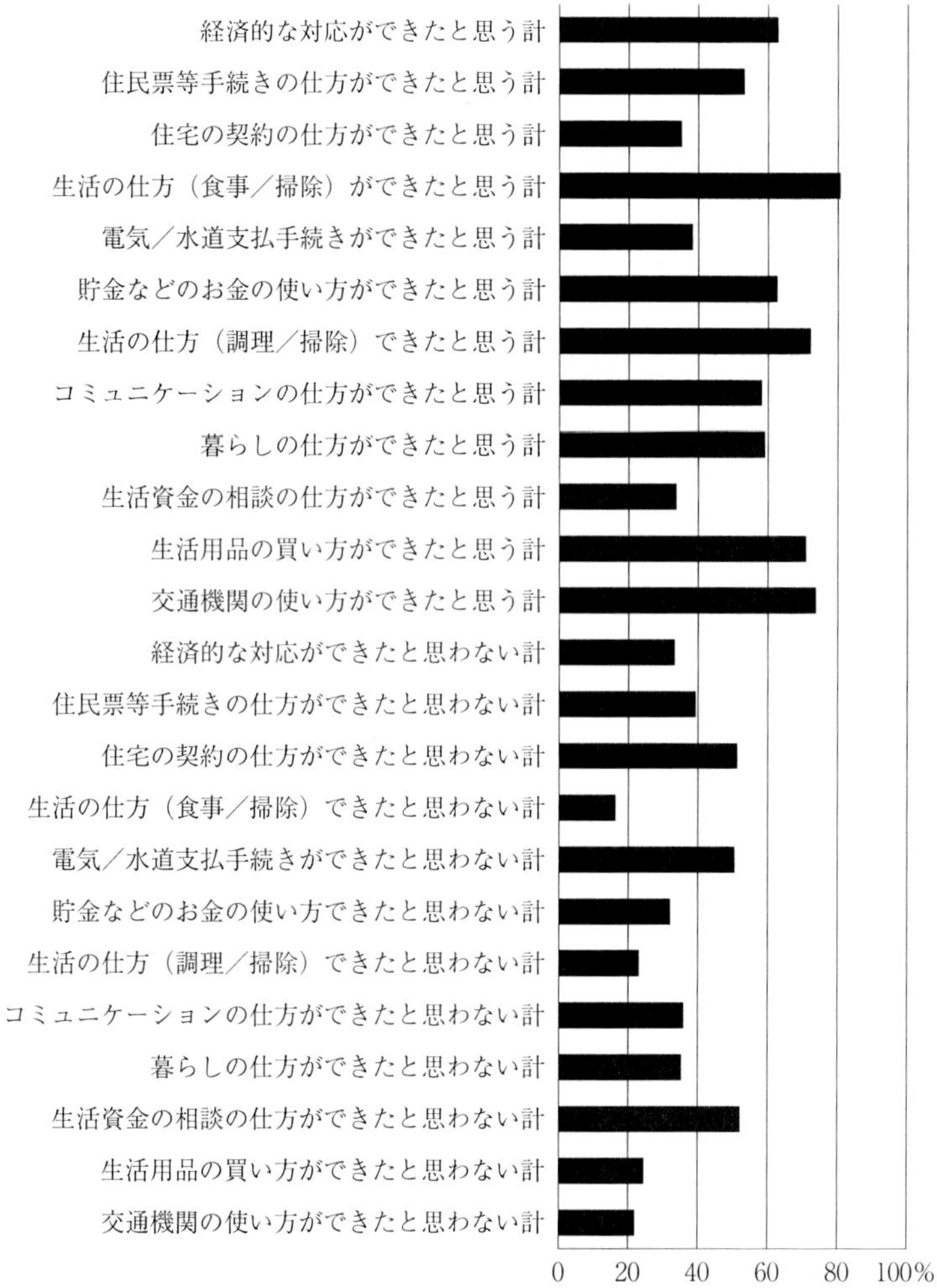
経済的な対応ができたと思う計
住民票等手続きの仕方ができたと思う計
住宅の契約の仕方ができたと思う計
生活の仕方（食事／掃除）ができたと思う計
電気／水道支払手続きができたと思う計
貯金などのお金の使い方ができたと思う計
生活の仕方（調理／掃除）できたと思う計
コミュニケーションの仕方ができたと思う計
暮らしの仕方ができたと思う計
生活資金の相談の仕方ができたと思う計
生活用品の買い方ができたと思う計
交通機関の使い方ができたと思う計
経済的な対応ができたと思わない計
住民票等手続きの仕方ができたと思わない計
住宅の契約の仕方ができたと思わない計
生活の仕方（食事／掃除）できたと思わない計
電気／水道支払手続きができたと思わない計
貯金などのお金の使い方できたと思わない計
生活の仕方（調理／掃除）できたと思わない計
コミュニケーションの仕方ができたと思わない計
暮らしの仕方ができたと思わない計
生活資金の相談の仕方ができたと思わない計
生活用品の買い方ができたと思わない計
交通機関の使い方ができたと思わない計
0
20
40
60
80
100%

図９　社会生活の準備ができたか。全体（%）

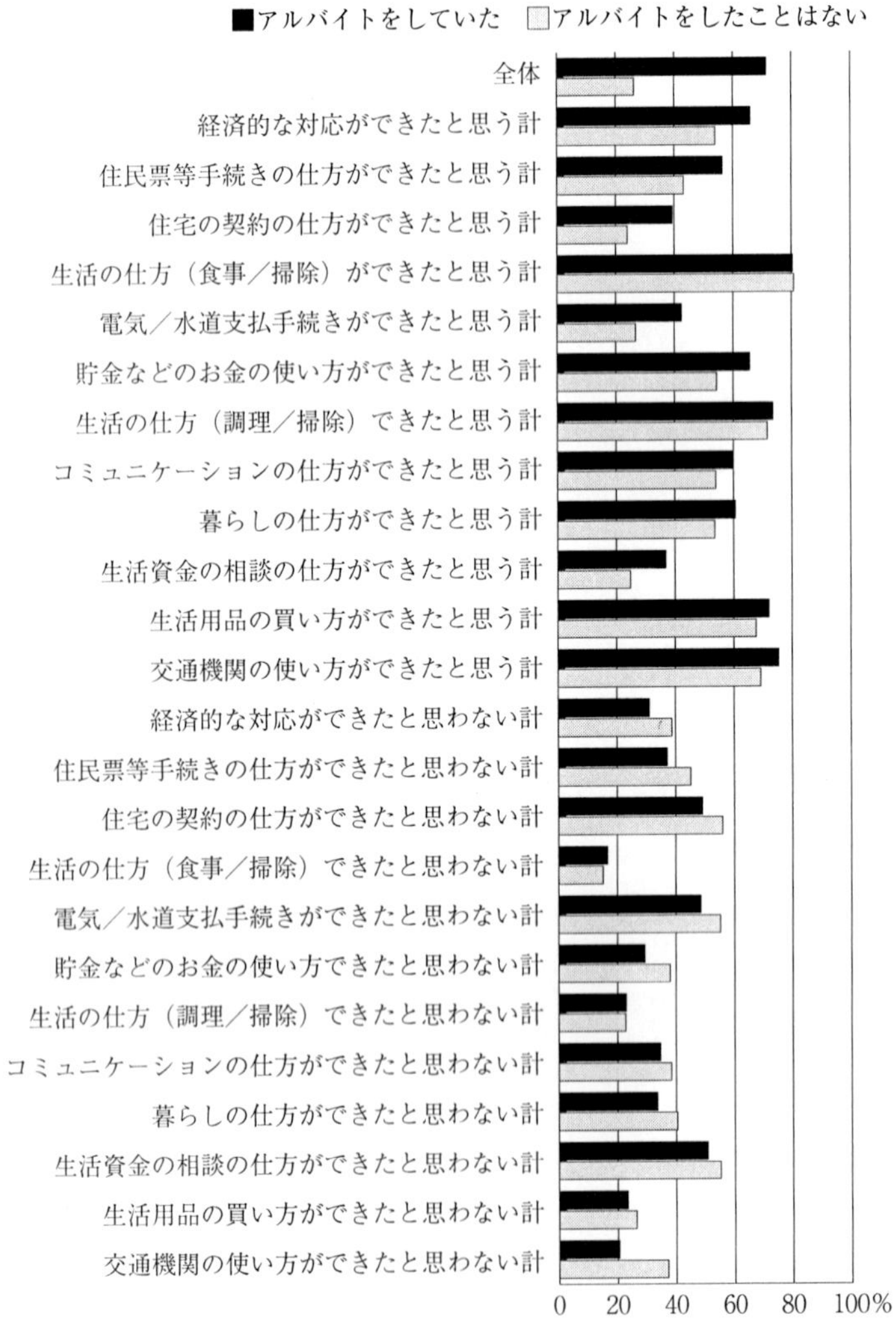

図10　社会生活の準備ができたか。アルバイト経験による差異（%）

の準備プログラムとして意識的に活用を図ることも必要であると思う。アルバイトへの参加については、収入の使い道や学業との関連などにおいて課題を抱えており、無条件で推奨できないとする考え方もあることは承知をしているが、社会参加をする上でのコミュニケーションスキルはもちろんのこと、社会慣習の習得や知識、人間関係におけるトラブルへの対処などの学びの場として、積極的に社会的自立を促進するツールとして位置づけることが必要である。とりわけ施設でのサポートプログラムとして目的化していくことで、社会参加のツールとして活用ができるのではないか。

社会生活の準備ができているかという点での施設種別による差異については参考程度であるが（施設種別によっては実数が少なく必ずしも比較できるサンプル数ではない）、自立援助ホームが高く、児童養護施設と里親ではほとんど差異がみられなかった。里親の方が社会参加の機会も多くあるので評価が高くなると予測

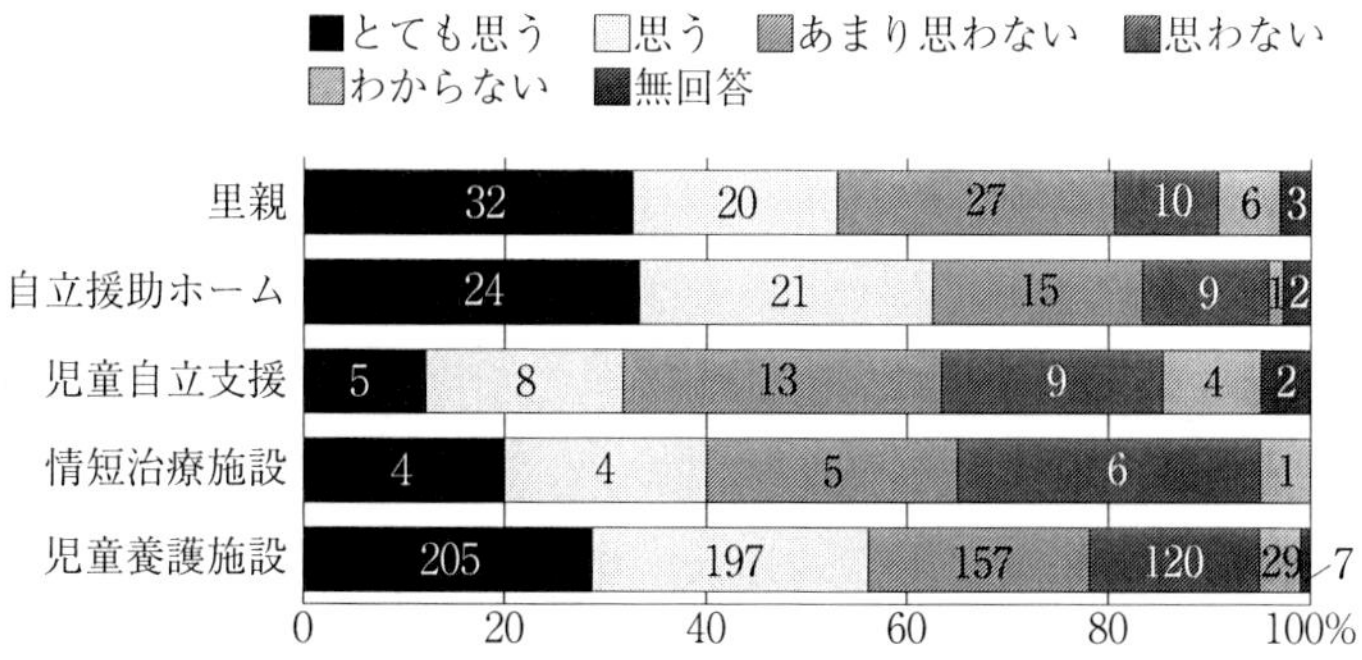

図 11　ひとり暮らしへの準備ができたか（数字は回答数）

をしていたが、今回の調査では差異はみられていない。今回の調査の対象者の学歴が比較的高く、アルバイトなどの経験が一般化しているなどの背景があることなどによるのではないだろうか。

3　社会的自立で何に困ったか

自立するにあたって一番困っていたのは「アパートなどの保証人（33％）」「いきなり1人になりさびしかった（34％）」「施設里親出身であることを話すこと（33％）」「家族とうまく話ができなかった（30％）」「自分の気持ちを話せる人がいない（31％）」「職場や友人関係（29％）」「相談相手が身近にいない（29％）」などが上位となり、「病気などの際に安心できる場所がない（25％）」「住むところを探すこと（23％）」などのセーフティーネットの問題や「進学したかったができなかった（22％）」など進路選択の問題などが示されている。

①住居確保の問題と保証人

そのうち、一番困ったことを順位に並び変えたものが図12のグラフ「社会で困ったこと」である。一番多かったものが、「アパートなどの保証人」である。措置解除時については、施設長などが保証人として居住の確保についてはサポートしているが、その後の転職などしていく

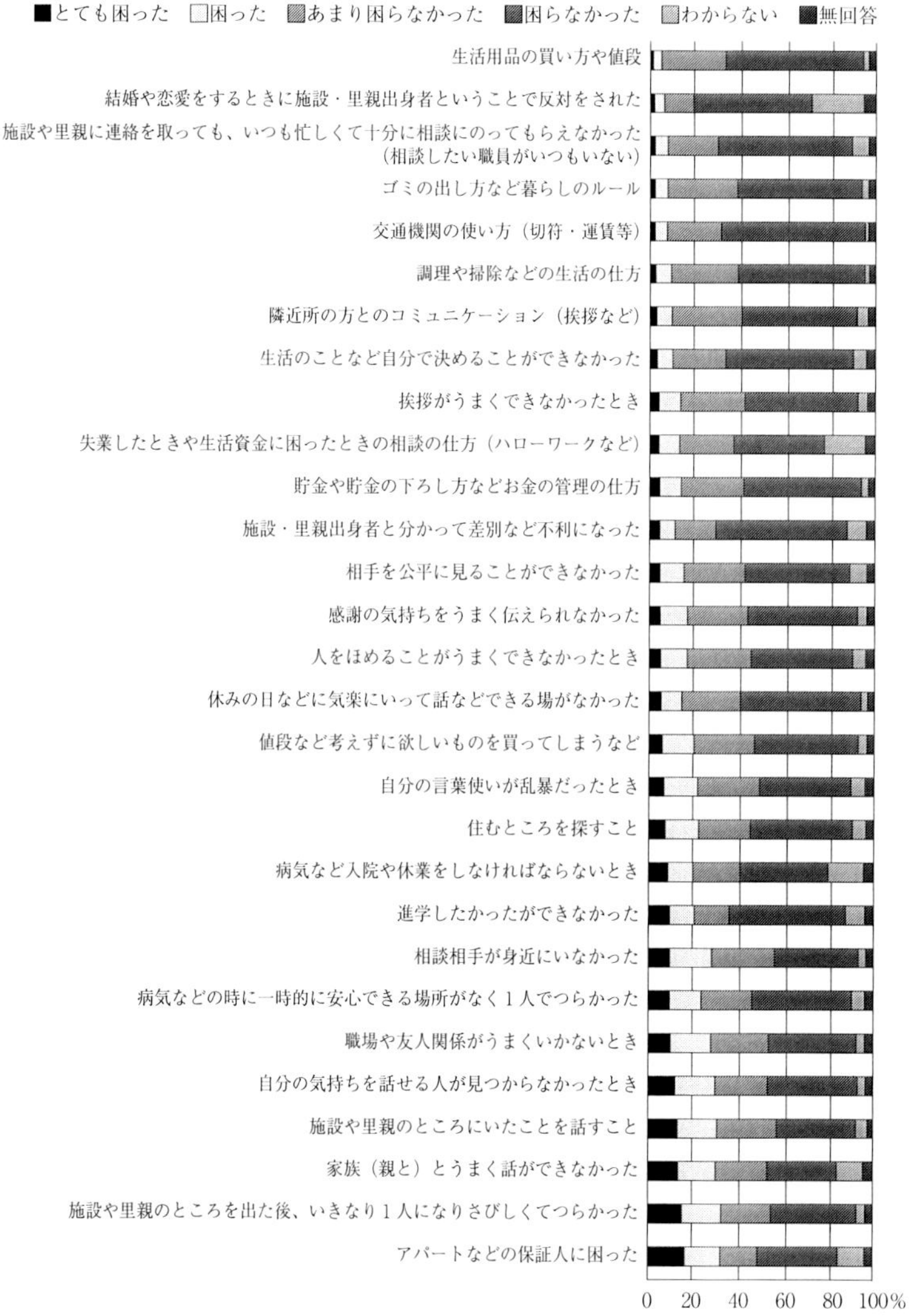
■とても困った
□困った
あまり困らなかった
困らなかった
わからない
無回答
生活用品の買い方や値段
結婚や恋愛をするときに施設・里親出身者ということで反対をされた
施設や里親に連絡を取っても、いつも忙しくて十分に相談にのってもらえなかった（相談したい職員がいつもいない）
ゴミの出し方など暮らしのルール
交通機関の使い方（切符・運賃等）
調理や掃除などの生活の仕方
隣近所の方とのコミュニケーション（挨拶など）
生活のことなど自分で決めることができなかった
挨拶がうまくできなかったとき
失業したときや生活資金に困ったときの相談の仕方（ハローワークなど）
貯金や貯金の下ろし方などお金の管理の仕方
施設・里親出身者と分かって差別など不利になった
相手を公平に見ることができなかった
感謝の気持ちをうまく伝えられなかった
人をほめることがうまくできなかったとき
休みの日などに気楽にいって話などできる場がなかった
値段など考えずに欲しいものを買ってしまうなど
自分の言葉使いが乱暴だったとき
住むところを探すこと
病気など入院や休業をしなければならないとき
進学したかったができなかった
相談相手が身近にいなかった
病気などの時に一時的に安心できる場所がなく１人でつらかった
職場や友人関係がうまくいかないとき
自分の気持ちを話せる人が見つからなかったとき
施設や里親のところにいたことを話すこと
家族（親と）とうまく話ができなかった
施設や里親のところを出た後、いきなり１人になりさびしくてつらかった
アパートなどの保証人に困った
0
20
40
60
80
100%

図12　社会で困ったこと

ときに社会的養護を要する者にとって，頼るところがないなかでの転居に伴う保証人の問題は切実であることが示されている。「住むところを探すことで困った」の回答も20％を超えており，住居の問題は切実であることが示されている。離職などに伴うリスクが高い社会的養護を必要とする若者にとって，保証人の問題は住居の確保にストレートに結びつき，半年の経過措置後の問題として保証人の確保が切実であることが今回の調査でも示されている。

現在の制度では，身元保証人確保対策事業として，保証の申込期間が措置解除後半年以内となっており，連帯保証期間も延長をしても3年を期限としている。しかし，この制度の活用についても，たとえば半年以内であっても職場とのトラブルを抱えての離職などの場合，施設職員に相談をしてこの制度を利用する若者がどれほどいるかが課題でもある。今回の調査でも，「身近に相談相手がいない」と回答をしている人が約30％にのぼり，社会で困ったことの上位になっていることからもわかるように，里親や施設が社会的養護を必要とする若者にとっては身近な相談相手として認識されにくい現状もある。

②孤立への対策

「いきなり1人になりさびしかった」「自分の気持ちを話せる人が見つからない」「病気などのとき，一時的に安心できる場所がなく1人でつらかった」など，社会参加後の若者の孤立の問題が示されている。集団的な生活をする施設養護や里親が常に関わる関係から，措置解除を契機に多くの若者が，ひとり暮らしを強いられるなかでの環境の変化に対応していくことの難しさでもある。とくにアクシデント（離職・人間関係のトラブル・経済的困窮・疾病など）が生じたときの対応に、多くの人が不安や対応への困難さを体験していたことが示されている。

社会的養護の大きな問題として、家族との関係がある。精神的な支えとしての家族が得られないというなかで、措置解除という手続きにより里親や施設との関係性が断たれたと考えがちで、里親や施設職員との関係についても「頼れない」と思いがちであること、また施設などがいつでも帰れるところになっていないことなどが（一時的に寝泊まりできたりする設備がなく帰る場所でないことを知っていることなど）、このような孤独感やアクシデントに出会ったときに頼れる場所として選択されないことが起きているのではないだろうか。

③コミュニケーション

困ったことの上位は「1人になりさびしくつらい」「家族とうまく話せない」「自分の気持ちを話す相手が見つからない」「職場・友人関係がうまくいかない」「相談相手が身近にいない」などであった。

社会的養護を必要とする子どもたちの問題として、コミュニケーション力が不足していることが言われているが、調査結果からもこのようなことがみえてきている。

施設養護などにおいて、子どもが自己決定に関わる過程に参加しにくく、自己の意見を表明する機会が少ないなどの影響ではないだろうか。施設養護などでは、日常の生活がプログラム化され、子ども自身が考えたり提案したりする機会が少なく、職員とあるいは子ども同士でコミュニケーション（話し合いや討議など）を必要とする場面が少ないのではないだろうか。家庭環境に恵まれないなかで家族内でのコミュニケーション（家族としての決定のプロセス）に参加する機会に乏しく、その結果語彙に恵まれないなどのハンデを抱えているという子どもたちにとって、そのハンデを克服するにはコミュニケーションを必要とする環境が必要であり、それが養護プログラムとして意識化される必要がある。

その意味では、子どもの権利条約に示されている「子どもの意見表明権」や参加の概念を意識化したプログラムを用意していかないと、児童福祉法に規定されている社会的自立を支援する社会的養護を担う役割を遂行することは難しいのではないか。子ども参加の仕組みについては、高校生交流会などの全国的な試みがある一方で、施設内での子ども参加の仕組みが必ずしも確立されていない現状があると思う。施設養護サービスの質的な向上を図る意味でも当事者である子どもの参加を実現し、そのことが自立支援の過程（プログラム）に欠かせないという認識が求められる。

④一時避難場所

「病気などの際に一時的に安心できる場所がなくつらかった」「病気や休業するときに困った」「休みのときなどに行く場所がない」などの回答率が高く、緊急時や相談場所としての居場所に問題があることも示された。

社会的養護を必要とする若者にとって、ひとり暮らしの孤独との戦いの背景にある緊急時の身の寄せどころの不安があることが示されている。緊急時にも1人でなんとかしなければならないという精神的な負担（ハンディキャップ）は大きく、実際に病気などの緊急時も1人で耐えることが求められる現実があらためて示された。比較的施設との関係が良い人でさえ、施設を頼ることが優先順位とならないこともこの結果からみることができる。

身近に緊急時の避難場所を確保しにくい背景には、友人関係や職場にサポートを期待することが、コミュニケーションの問題を抱える人にとっては簡単ではないということがある。まして家族や親族に頼れない人にとっては、緊急時の避難場所の確保が大きな問題であることが示された。

なにゆえ、病気や離職などによって居住やサポートが必要なときに、施設や里親が選択されにくいのかを考える必要がある。盆や正月の一時帰休などと違って病気や離職などの緊急的な避難場所としてもっと施設や里親が意識化されてよいはずである。やはり措置解除という手続きによって精神的（情緒的）な関係性が切れてしまう環境をつくっていることや、施設設備の問題、帰休時の居場所やサポートがイメージできないことが大きいのではないだろうか。その結果、措置解除後に里親や施設との関係を持っていない社会的養護を必要とする人が、社会のなかで緊急時やアクシデントなどへの対応で苦境に追い込まれていると想像するのは難しいことではない。

また、相談相手にしても、自分をみてくれた施設の職員が一番にあげられていることから、関係性があるところが最終的に頼るところとして選択されることがわかる。そのようなことからも施設や里親に一時帰休の設備や制度を持たすことは、社会的自立をサポートする上でも重要なことであると言える。

⑤進路選択

「進学したかったができなかった」が全体で20％が社会に出て困ったことで回答をしている。高学歴社会のなかで、児童養護施設などの大学進学率が、相対的に低い。東京都の児童養護施設等退所者調査によると「高校卒」が58・３％と、「中学卒」が23・４％、「大学等卒（４年制大学卒、短大卒、専門学校卒）」が15・１％である。一般人口における高等学校などへの進学率は98・０％、大学などへの進学率は65・４％であるなかで、児童養護施設の子どもたちが、大学などに進学をする率は極めて低いことが示され、今回の調査でも行きたくても進学できなかった社会的養護を必要とする若者の思いが示されている。

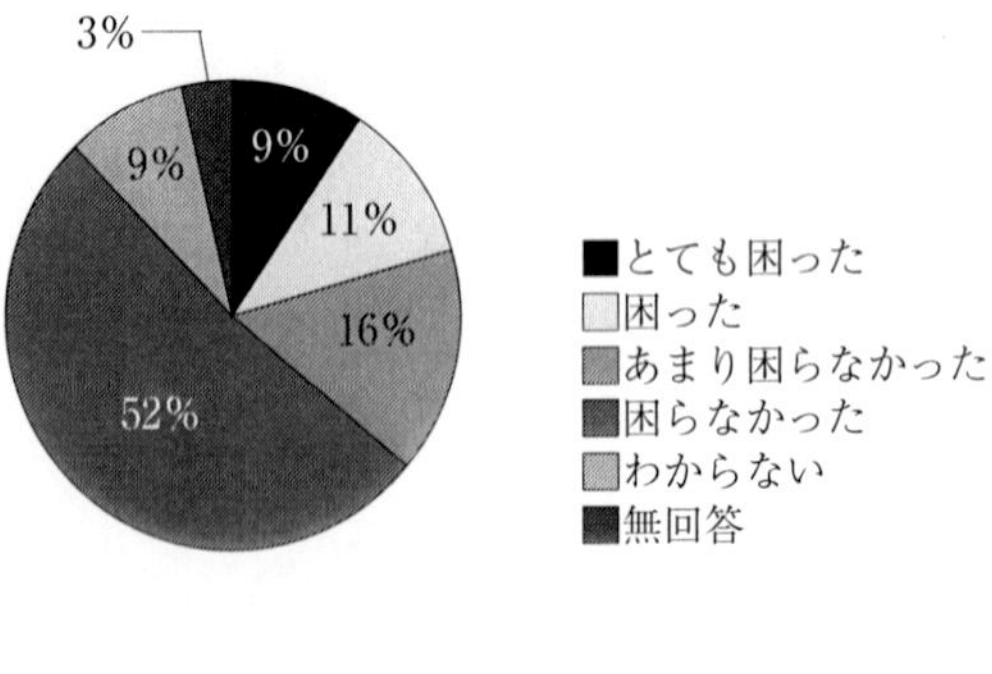

図13　進学したかったができなかった

その傾向は、グラフ（図14）でもわかるように学歴の高い者ほど進学への希望が強くあり、高校卒業時（措置解除時）に大学などへの進学を希望していたが諦めている現状がある。また、中学卒業者のうち20％弱の人も進学したかったとしており、高校進学率が96％（全国平均）を超える社会状況のなか、中学卒業で社会に出なければならない社会的養護を必要とする子どもの問題もみることができる。

　社会的養護を要する子どもの進学問題では、経済的な問題はもちろん存在しているが、一方で学力の問題などが存在することも事実であり、経済的問題をクリアしたとしても進学が簡単に叶う環境にないことも事実である。とくに高等学校進学では、学力不足によるミスマッチや目的意識のモチベーションの問題などで中退率が高いことも問題である。

　一方で大学進学などにおいては、経済的問題が大きい。経済的問題は、二つに分けて考えられる。一つは

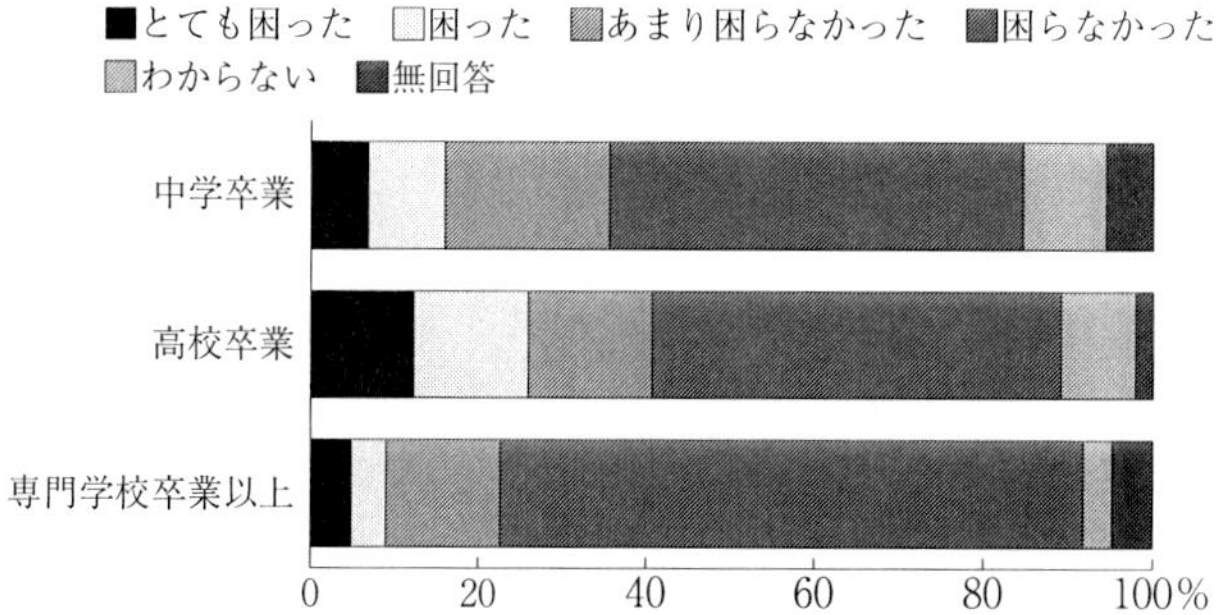
とても困った
困った
あまり困らなかった
困らなかった
わからない
無回答
中学卒業
高校卒業
専門学校卒業以上
0
20
40
60
80
100%

図 14　進学・学歴別比較

学費の問題である。入学時の学費についてはさまざまな制度によって補完され何とかなっても、その後の学費確保が問題となる。日本学生支援機構などの奨学金制度を利用したとしても、それは借財を背負うことになり、大きな負担となる。また先に述べたように、学力の問題を抱えるなかで学費の安い国公立への進学は難しく、私学への進学となると学費負担が大きく、事実上諦めざるを得ない状況となる。

もう一つの経済的問題は、居住に関わる経費の問題である。措置解除後に社会的養護を必要とする人は、必然的に施設を退所してひとり暮らしとなる。その経費負担も学費とともに重くのしかかることになる。

その結果、アルバイト（就業）をしていかないと経費の捻出が難しいことから、学費の安い文系・社会系や二部などへの進学に限られ、理系や医学系への進学は非常に困難となる。経費がネックとなって社会的養護を必要とする若者の人材育成には、大きな障壁となる。

「子ども・若者ビジョン」では、「すべての意志ある子ども・若者が経済的理由により希望する教育を断念することがないよう、初等中等教育においては、高校の実質無償化の定着等を図るとともに、引き続き、市町村が実施する就学援助の促進等を図ります。また、教育に係る経済的負担の一層の軽減を図るため、必要な支援措置に取り組みます。特に学習者の負担が大きい高等教育については、奨学金の充実とともに、実質的な給付型の経済的支援として、大学等が行う授業料減免措置の支援等に取り組みます」としているが、現実的には、社会的養護を必要とする若者たちへの具体的なサポートは実現していない。

第3節　社会的養護を必要とする若者への自立支援

児童養護施設等や里親を措置解除された子どもの自立のあり方を、今回の調査結果を踏まえて述べてみたい。『子ども若者・ビジョン』が示す三つの重点課題の一つに、困難を有する子ども・若者やその家族を支援する取り組みは取り上げられており「様々な困難を有するがゆえに特別な支援が必要な子ども・若者がいます。〈略〉それぞれに必要な支援を行っていきます。〈略〉子ども・若者本人だけでなく、家族に対する支援も行います。また、『子どもの貧困』問題についても積極的に取り組みます」としていることからして、当然社会的養護を必要とする子どもたちもその対象となる。

しかし現実には、措置という行政処分に基づき家族から分離され、居住地を定められ、家族でもない人間関係のなかで育つことを強いられた（育つ権利を保障された）子どもたちが、年齢要件や就業という条件によって社会的養護の必要性の如何にかかわらず措置解除をされている現状がある。社会的養護を必要とする子どもの多くは、児童福祉法の規定である18歳未満までを対象とし、そのことを根拠に措置解除をされている。行政処分を解除するという行為にあたっては、措置期間終了時に一定の効果があったことを認めた上で措置解除すべきで、そのことが措置をした責任であると考える。「児童が、その人格の完全なかつ調和のとれた発達のため、家庭環境の下で幸福、愛情及び理解のある雰囲気の中で成長すべきであることを認め、児童が、社会において個人として生活するため十分な準備が整えられるべき」と『子どもの権利条約』の前文でも書かれており、家族から分離をされた子どもへの育成の責任は、措置権者に課せられるべきで、十分な準備にいたらない子どもへの育成の継続もその責任範囲となると解釈すべきである。

　その意味では、「子ども・若者ビジョン」が示している基本的な方針が、社会的養護を必要とする若者の支援をさらに明確に位置付け、育成（自立支援）のプロセスを明確化することが求められよう。しかしながら、児童福祉法以降（18歳以上）の若者世代に対する福祉サービスについては、基礎自治体においては社会教育分野以外で対応する所管部署を有していない現状があり、「子ども・若者ビジョン」での政策決定がなされたとしても実施機関が存在していないという政策上の矛盾が存在する。

　直接的なサービスを担う児童養護施設や里親にしても、児童福祉法により「18歳未満を対象とする」という法規定に縛られており、自立援助ホームにしても20歳までの措置延長がやっとの現状では、施設後の社会的養護としての若者支援にその役割を果たすことは、法制度上はできない仕組みとなっている。アフターケアが制度化されてはいるが、電話相談や訪問指導などへの補助金が主な柱となっており、今回の調査で示されている一時帰休や再出発のための生活を支える（いわゆる施設や里親での養護）ことについては、関わる経費が措置費のように支給されないため、各施設や里親の善意に頼らざるを得ない状況にある。また、そのための施設（在籍児童とは別の宿泊設備〈部屋〉など）についても設置基準にはなく、里親などにおいても住宅事情などによっては困難な場合が多く、設備面でも対応できない現状がある。

しかし、現状がこのような状況にあるということで、措置解除後の子ども支援ができないと言ってしまうことは簡単ではあるが、自立支援を標榜し、社会的養護を担い、子どもの権利実現を目指すべき児童養護施設や里親が手をこまぬいているわけにはいかない。一つには、ソーシャルアクションとして、政策の転換や制度の創設などの社会環境を創造していく運動が求められる。

その一方で、福祉サービスとしての量や質を見直すなかで、今できることへの挑戦も必要である。日常的なプログラムとしての生活支援（自立支援）において、子どもたちに大人としてのモデルを提示すること、そのことによって目指すべき社会や人格を投影していくという養護の原則に基づいた処遇プログラムを確立していくことが常に求められている。社会的養護の目的が社会的自立であると規定をされているなかで、福祉サービスとしての質の向上は、当事者として子どもたちの最善の利益を確保するための責務である。

このような視点から、処遇における自立支援のあり方や措置解除後の社会的養護の課題などについて、調査結果を踏まえて論じてみたい。

1　自立支援処遇プログラムの基盤

今回の調査で明らかになったことは、処遇に関わる大人の態度が自立支援に大きな影響を及ぼしているということである。

社会的養護の重要性は、虐待や家族分離せざるを得ないなかで、子どもの安全を第一に判断して措置をしたことであり、その結果、子どもの安心を確保したところから自立支援への歩みが始まることは言うまでもない。

図15のグラフ「安心した生活ができた」に示された結果をみると（今回の調査対象者は、施設や里親との関係性は比較的良いと思われる人）、養育者の態度により、安心した場所と認識する差異が明確に示された。安心できる環境として求められるのは、今さらではあるが、子どもが受容されたと感じる環境があり、傾聴してもらえる環境があるということである。

今回の調査結果でも、安心できる環境をつくる養育態度として示されたのが「自分の考えや思いを伝えた」「言葉使いが丁寧であった」「公平であった」「ほめてくれた」などが上位を占め、安心への評価が低い養育態度には、「話を聞いてくれない」「挨拶をしてくれない」「ほめ

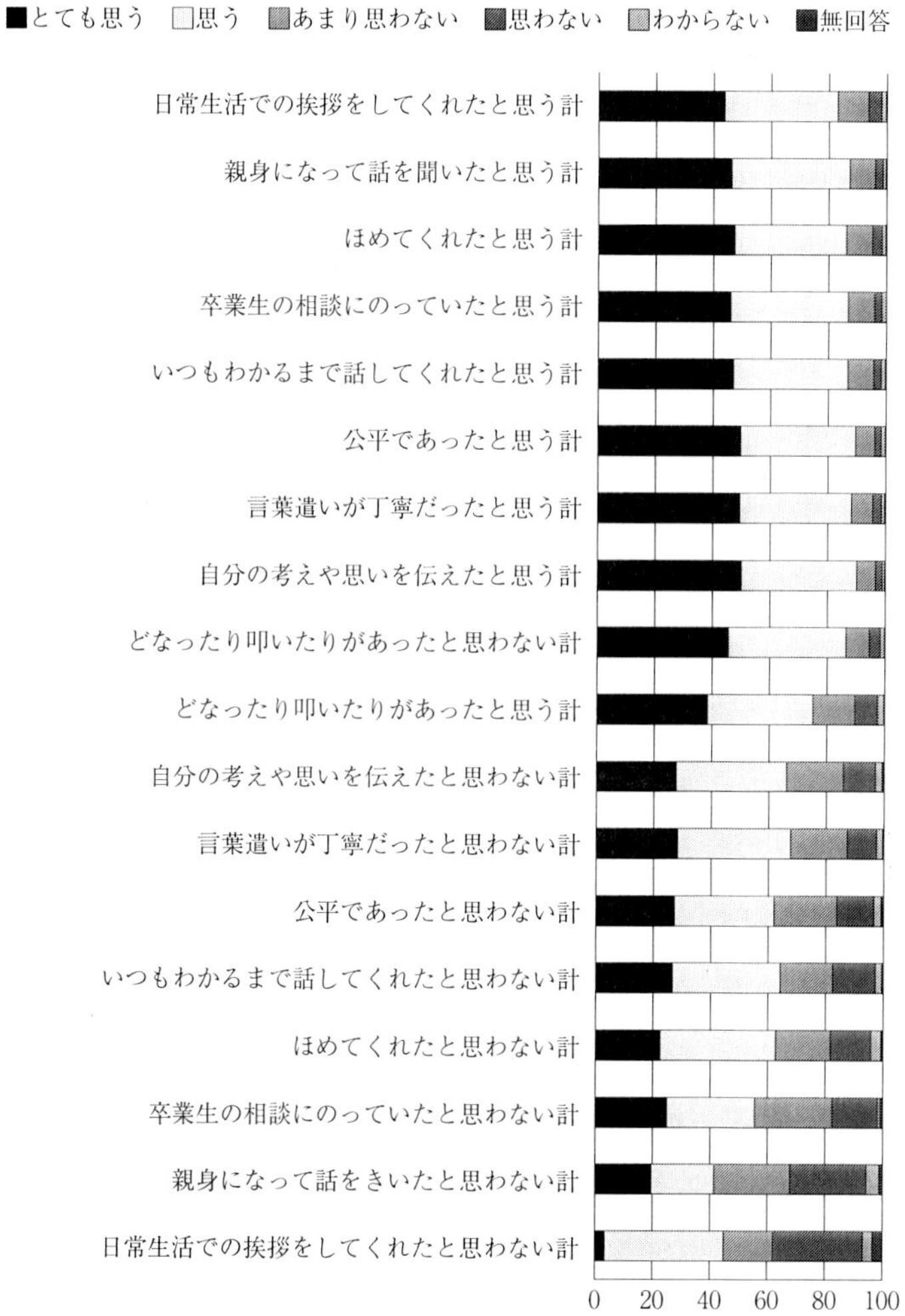

■とても思う
□思う
あまり思わない
思わない
わからない
無回答
日常生活での挨拶をしてくれたと思う計
親身になって話を聞いたと思う計
ほめてくれたと思う計
卒業生の相談にのっていたと思う計
いつもわかるまで話してくれたと思う計
公平であったと思う計
言葉遣いが丁寧だったと思う計
自分の考えや思いを伝えたと思う計
どなったり叩いたりがあったと思わない計
どなったり叩いたりがあったと思う計
自分の考えや思いを伝えたと思わない計
言葉遣いが丁寧だったと思わない計
公平であったと思わない計
いつもわかるまで話してくれたと思わない計
ほめてくれたと思わない計
卒業生の相談にのっていたと思わない計
親身になって話をきいたと思わない計
日常生活での挨拶をしてくれたと思わない計
0
20
40
60
80
100

図15　安心した生活ができた

られない」などが上位にある。

その一方で、「どなったり叩いたり」については、その差異は約10％程度であった。しかし、だからといって体罰的な乱暴な養育が許容されているということではない。むしろ向き合ってくれたとの評価があり、その後の対応で話を聞くなどの信頼関係が形成された結果であるとも考えられる。

しかし、このような結果を別の見方をすると、明らかな差が見られた。今回の調査でも、養育態度による効果の差異は、グラフ（図16）に示したように明らかである。ほめられたと感じている者ほど、自立のための準備ができていると感じている結果が明確に示されている。

自立支援に向けて処遇の質の向上を図る上で、養育態度に着目していくことが必要である。集団の管理が優先する体罰や一方的なルールの押し付けや強制など、力を伴った養育が効果を持たないということを基本に考えるべきであり、そのようなことを行わなくてもよい養育環境をつくることが必要である。

そのためには処遇集団の規模の見直しなど、養育者が子どもと向き合え、一人ひとりの子どもへの関心を保ち続けることができるようにすることも必要である。そして、社会的養護を担う人材育成（子どもの権利擁護を基盤とする）の仕組みを確立していくことで、子どもの意見表明権や自己実現（エンパワーメント）に基づく養育の実践が行われるようにしていく必要がある。

また、資格取得への支援や進学など多様な進路選択を提示する処遇が求められている。日常

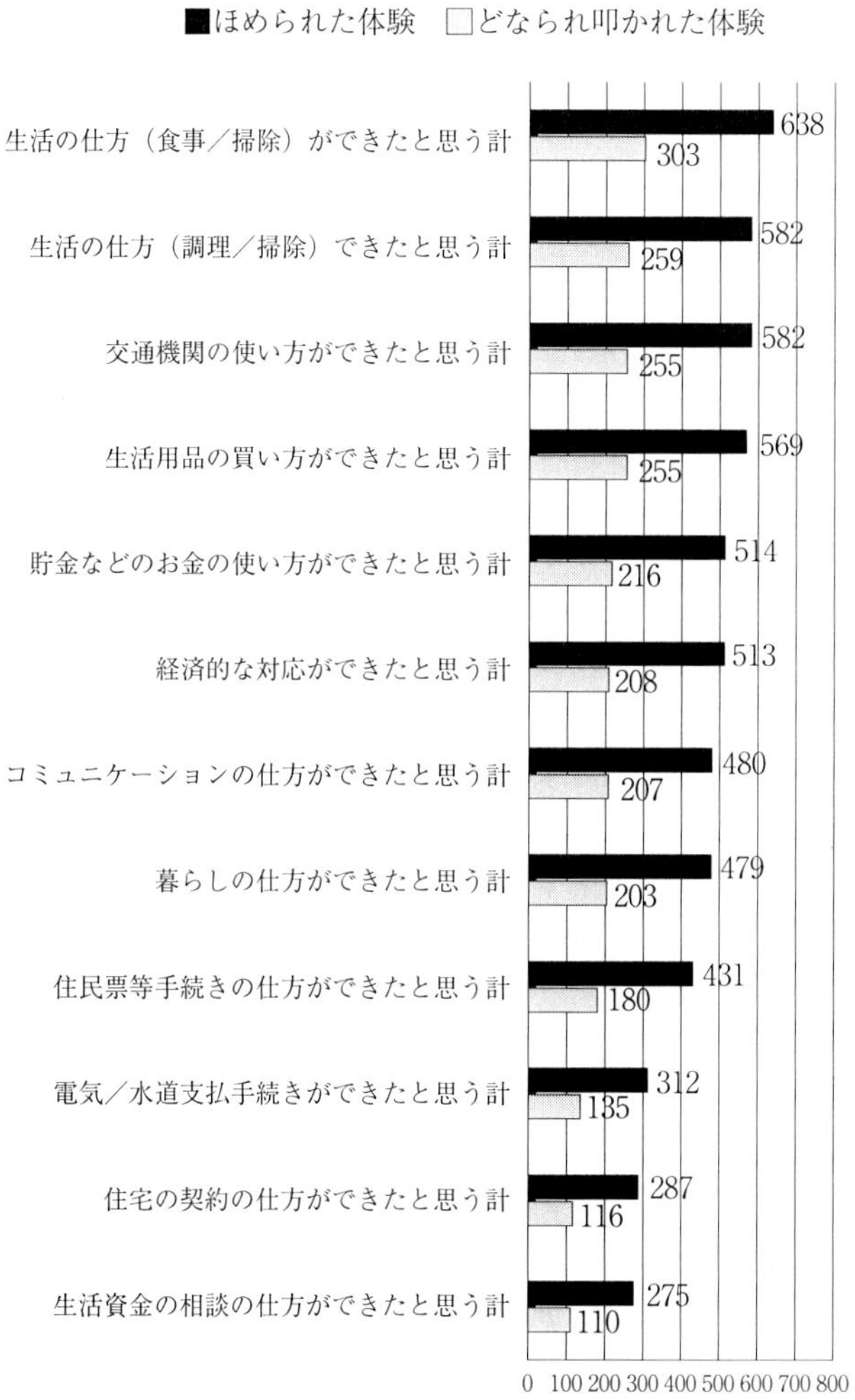
■ほめられた体験　□どなられ叩かれた体験
生活の仕方（食事／掃除）ができたと思う計
638
303
生活の仕方（調理／掃除）できたと思う計
582
259
交通機関の使い方ができたと思う計
582
255
生活用品の買い方ができたと思う計
569
255
貯金などのお金の使い方ができたと思う計
514
216
経済的な対応ができたと思う計
513
208
コミュニケーションの仕方ができたと思う計
480
207
暮らしの仕方ができたと思う計
479
203
住民票等手続きの仕方ができたと思う計
431
180
電気／水道支払手続きができたと思う計
312
135
住宅の契約の仕方ができたと思う計
287
116
生活資金の相談の仕方ができたと思う計
275
110
0 100 200 300 400 500 600 700 800

図 16　養育体験による効果

的な生活スキルは十分に身につけているなかで、社会参加の経験や資格や進路に関わる支援プログラムをどのように構築すべきか、今回の調査でその方向性は示されている。

2　教育権の保障と選択

今回の調査では、先に述べたように大学など上位の学校への進学への希望が強く示されている。進学にあたっての経済的負担や居住問題などについては先に述べたとおりで、制度的なサポートの必要性についても示したとおりである。

その一方で、社会的養護を必要とする子どもたちが抱えるハンディキャップにどう向き合うのかも養育者に問われる。被虐待や家族分離を必要とする養育環境にいて、十分な学習環境がないなかで措置された子どもの学習の遅れをどのように取り戻すかは大きな課題である。

合わせて、社会体験や教育の機会を失っているなかでの知識や経験の少なさなどを背景に、教育の価値や意味を見いだせないままに学習意欲を持てなかったり成績が悪かったりした結果、就職を選択している現状がある。高校進学率が96％を超え、大学進学率が60％を超えるわが国の現状で、このような背景を持つことで社会的養護の子どもたちが学歴などのハンディキャップを持たざるを得ないことも事実である。多様な選択肢のなかから自らが選択していくプロセスが準備されているのであれば、必ずしも大学進学だけがその価値を持つとは言えないが、現状では選択できない選択肢として大学などへの進学があることに問題を見出すべきである。

　では、施設養護や里親ではどのような取り組みが求められるのだろうか。学習の質の向上という問題に向き合うことが必要であることは自明であるが、非常に難しい問題である。現在の教育環境下においては、成績評価が絶対視され、実力テストなどの偏差値も重要視され、これらを満たすことのできない児童養護施設等や里親の子どもたちは自己肯定感が持ちにくい現状がある。学習支援ボランティアや学習塾への通塾などのサポートがあるが、子ども自身が学習へのモチベーションをどのように確保していくかなどの課題に向きあう必要がある。

　我田引水であるが、日本大学文理学部の学生たちは、施設で行うボランティアではどうしても子どもの生活領域での活動となり、よくない意味での子どもの意に沿う部分が出てしまいがちなので、出て行くボランティアでなく来てもらうボランティア活動としての「桜んぼ塾」を開き、「ほめる・できるところからやること」を基本理念とした学習塾を展開している。施設の子どもたちは、ここに来るには自分の力で通塾する必要があり、電車の切符を買い、時間に間に合うように生活の管理をする必要があり、自分の力で通塾する体験を積み重ねることになる。また、できない体験ではなく、できる体験を積むことで「できる自分」を発見し、自信を持つことになる。

　ＮＰＯなどでは、自らが奨学金を獲得するために多くの人の前でプレゼンテーションを行うことなどを条件として、子ども自身の選択や行動による支援をしているところもある。重要なのは、子どもがエンパワーメントする環境を提供することなのだが、各施設が多くの取り組みや工夫をしていると思うが、非常に難しい課題である。

エンパワーメントを促すには、未来が見えている（目的が明確化している）ことが必須条件でもある。そのためには、措置解除後のサポートを子どもたちに見えるようにしていくことは絶対必要なことである。経済的負担をサポートする奨学金制度（チャイルドスポンサーなど）や進学などのための居住サポートなどがあってこそ、安心して選択（理系や医療系も含めて）ができることになる。そのためには大学の所在する地域に、措置解除後の大学生が住むことのできる設備などが必要である。東京都石神井学園では平成９（１９９７）年に通勤通学寮としての自立支援寮を設け、大学等に進学をする子どもの生活支援として宿舎を提供（自立援助ホームのように子どもの自己負担はあるが、職員のサポートなどにより生活の安定などを行う）するなどして、進学のサポートをする仕組みをつくった。あわせて就労などの準備としてひとり暮らしの体験ができるように、アパート形式（自活体験ができる）施設としての自立支援寮の運営も行っている。また、現在では社会福祉法人子供の家が運営する自立援助ホーム「あすなろ荘」の職員が「ゆずりは」という自立支援のための家を運営をし、自立支援ホームや児童養護施設後の子どもの社会内支援を、相談や訪問支援などを通じてさらに積極的に展開している。

東京都石神井学園などの取り組みがもっと一般化して、都市部の児童養護施設などに自立支援のためのアパートメントなどが設けられ、それが制度化されるなどの仕組み（設備補助や措置費に変わる補助金制度など）があってもよいと思う。

３　セーフティーネットの確立

社会的養護を必要とする人が社会に出た経験から、社会に出る若者を支えるには何が必要であるかの回答では、「保証人制度」、社会に出てからの経済的な備えである「アルバイト」「資格取得」や「進学」などが上位を占めた。

トップは、職業や定住に関わる問題でもある保証人問題である。先に述べたように、これは制度として社会的養護の問題を抱える若者支援では必要なことで、児童養護施設などや里親の出身者に限らず家族などからの支援が受けにくい若者のセーフティーネット（定住のための制度）として制度化が必要ではないだろうか。若者のフリーターやホームレスなどの対策として考えるならば、アパート対策だけでなく就労支援の仕組みとしても、少なくとも措置解除後５年程度の支援が必要ではないだろうか。３年程度の継続的就労が確保されれば、安定した生活の確保に結びつくのではなかろうか。

社会的養護を必要とする若者支援では、今回の調査の動機ともなっている措置解除後の居場所の確保の問題がある。病気や失業時に再チャレンジする場の確保、孤立感を和らげるための相談機能を持った居場所、いわゆるアイデンティティを育んだ場＝実家としての居場所の確保

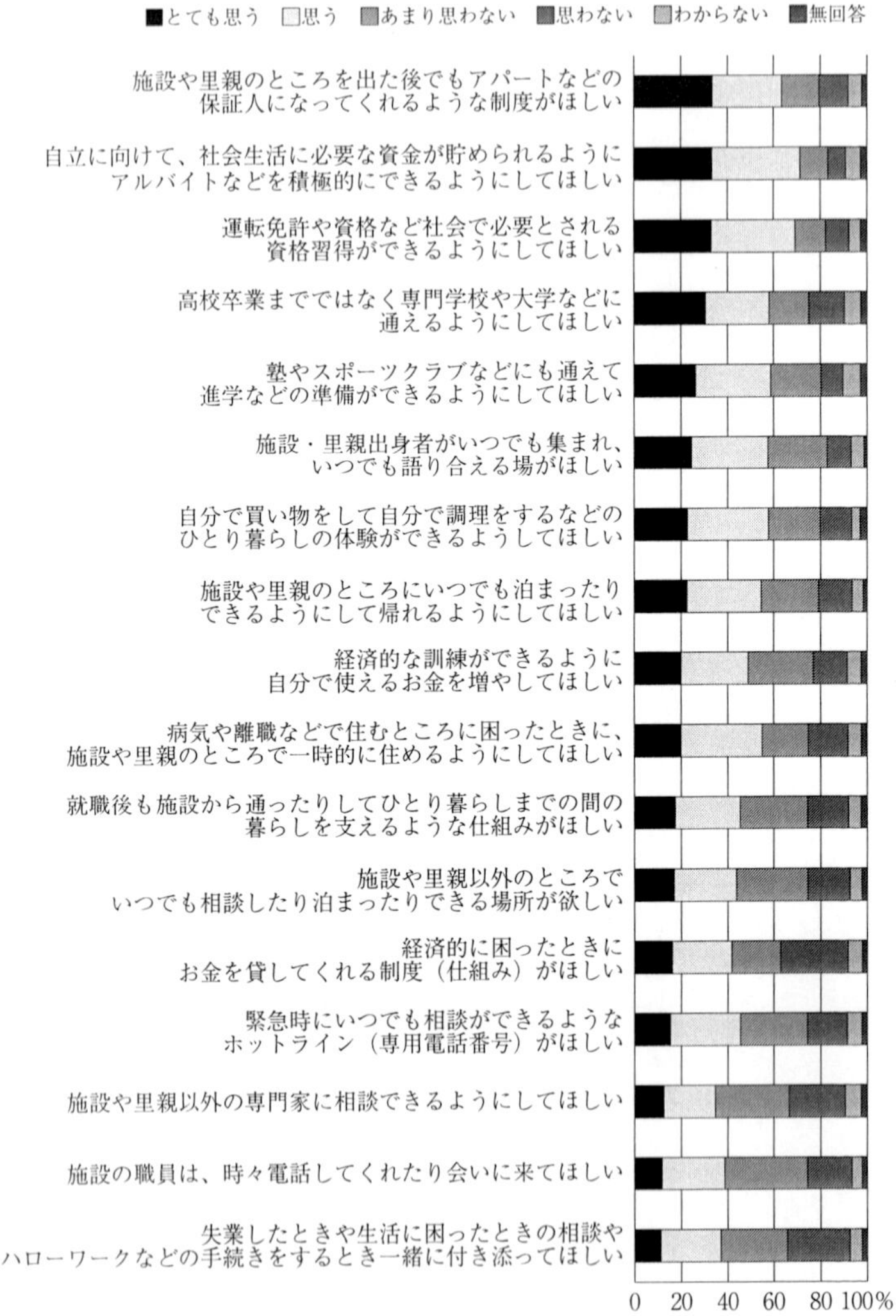
■とても思う　□思う　■あまり思わない　■思わない　■わからない　■無回答
施設や里親のところを出た後でもアパートなどの保証人になってくれるような制度がほしい
自立に向けて、社会生活に必要な資金が貯められるようにアルバイトなどを積極的にできるようにしてほしい
運転免許や資格など社会で必要とされる資格習得ができるようにしてほしい
高校卒業までではなく専門学校や大学などに通えるようにしてほしい
塾やスポーツクラブなどにも通えて進学などの準備ができるようにしてほしい
施設・里親出身者がいつでも集まれ、いつでも語り合える場がほしい
自分で買い物をして自分で調理をするなどのひとり暮らしの体験ができるようしてほしい
施設や里親のところにいつでも泊まったりできるようにして帰れるようにしてほしい
経済的な訓練ができるように自分で使えるお金を増やしてほしい
病気や離職などで住むところに困ったときに、施設や里親のところで一時的に住めるようにしてほしい
就職後も施設から通ったりしてひとり暮らしまでの間の暮らしを支えるような仕組みがほしい
施設や里親以外のところでいつでも相談したり泊まったりできる場所が欲しい
経済的に困ったときにお金を貸してくれる制度（仕組み）がほしい
緊急時にいつでも相談ができるようなホットライン（専用電話番号）がほしい
施設や里親以外の専門家に相談できるようにしてほしい
施設の職員は、時々電話してくれたり会いに来てほしい
失業したときや生活に困ったときの相談やハローワークなどの手続きをするとき一緒に付き添ってほしい
0　20　40　60　80　100%

図17　社会に出る人のために必要なこと

の必要性がみえてくる。今回の調査結果からは、訪問や直接的な専門的相談よりも居場所的な場への必要性が高く示されている。

児童養護施設などや里親でアフターケアが制度化され、措置解除後の自立支援が位置づけられ専門職員の配置も進んではいるが、措置解除後の若者支援（セーフティーネット）として、施設や里親の役割が相談機能にとどまっているようでは、期待に応えられないことが今回の調査で示された。相談という手段を否定するものではないが、それだけでは、社会参加の準備が十分でないなかで社会経験が浅い若者が失敗をすることは、容易に予測できることである。

家族を持つ人は、再チャレンジを家族が支えること（居住場所や求職活動中の経済的支援など）でその機会を得ることができる。このようなことができるという安心感がその後の再就職などを支えていることは明らかである。措置解除という法的な処分によって、児童養護施設や里親から社会に参加する若者は、この安心を確保することが難しい。そのような意味でも、社会的養護を必要とした若者の再チャレンジの仕組みとして、施設や里親への一時帰休の制度化は必要である。また、里親や施設を頼りたくない若者も少なからずいるので、自立援助ホームなどがその受け皿になり、さらには当事者が設けている自助活動としての居場所などへの支援を行うなどして、多様な選択肢を用意するべきである。そのことによって措置という行政処分により保護された若者が、社会での失敗をおそれずにチャレンジし続けることができる環境が整備され、自立に向けたエンパワーメントを支えることができよう。

おわりに

平成24（２０１２）年版『子ども・子育て白書』によると日本人の２０１０年時の平均初婚年齢は男性が30・5歳、女性が28・8歳となっており、少なくとも家族を持つ年齢がここまで高くなっている現状からは、青年期の自立がいつになるかはさまざまな論議はあるにしても、18歳で自立をしたとすることには無理がある。児童福祉法が自立を目的化し、「子ども・若者ビジョン」が若者支援を打ち出している今、社会的養護を必要とする若者の措置解除後の支援を考えることは必要である。社会のセーフティーネットが機能しているかどうかのバロメーターとも考えられる。虐待対策がクローズアップされているが、保護された子どもの出口がしっかり示されること（社会で保護された子どもが自立できること）が、社会の安全を確保する基盤として機能をしていくことは今さら述べる必要もないことである。

今回の調査で示された若者たちの意向は、極めて切実なものであり、社会的養護を必要とする人からの社会への警鐘であると思う。行政の力で家族から分離をされ、さらに措置解除という行政の力で社会に出された彼らが、養育した者によって支えられるという当たり前の権利を奪われている状況を許容している社会であってはならない。比較的関係性が保たれている今回の調査対象者の意見でさえこのように示されたのだから、さらに困窮度が高い社会的養護を必要とする人への救済や相談などについては、18歳以降の福祉サービスを担う仕組みを自治体に設けないことには始まらない。措置解除後の生活支援を自治体の仕組みとして確立していき、施設や里親でのサポートと同時に、地域社会でのサポートや居場所作りの制度化が必要である。

【参考文献・資料】

社会福祉法人　全国社会福祉協議会　全国児童養護施設協議会「子どもの権利を擁護し養育条件を高めるために　児童養護施設のあり方検討プロジェクト・提言」２０１０年10月

厚生労働省「児童福祉施設最低基準等の一部改正に関する省令の概要」２０１１年６月

「子どもの安全・安心ガイドブック」『子どもの権利研究　第20号』日本評論社　２０１２年１月

第４章　社会的養護と自立支援

山縣文治

第１節　社会福祉分野における一般的な自立の考え方

自立はおそらくいつの時代においても、人間にとって好ましい状況と考えられてきた。現代の社会福祉実践および社会福祉政策においても、これは同様である。ただし、その意味するところは、使われる場面、使う人、使われる分野などによってさまざまである。

社会福祉分野における自立概念は、大きく三つのレベルでとらえることができる。

1　初期の自立概念

自立という言葉で一般の人々がまず思い浮かべる状況は、他人の世話にならずに生活している状態であろう。他人の世話にならない状況として一般に想定されていたのは、経済面である。身辺自立という言葉も古くから使われてきた。この言葉は、今では、むしろ高齢者や障害者領域の方でより多く見かけるが、初期は子どもの発達の、それも乳幼児期に限定して使われてきたものであり、経済的自立ほど浸透していたとは考えにくい。

学生などに「あなたは自立していますか」と尋ねると、「親から仕送りを受けているから自立していない」という答えが返ってくることがある。これはまさに、自立の要素として経済面が重視されていることを典型的に示すものである。

長い間、社会福祉の発展は、経済的貧困との戦いの歴史であった。これは、英国の救貧法の歴史にもあてはまるし、恤救《じゅっきゅう》規則に始まるわが国の生活保護の歴史にもあてはまる。生活保護法には「最低限の生活を保障するとともに自立助長することを図る」（第1条）、母子及び寡婦福祉法には「母子家庭の母及び寡婦は、自らすすんでその自立を図り、家庭生活の安定と向上に努めなければならない」（第4条）との規定があるが、両法が、現金給付もしくは金銭貸付を主たる内容とする制度であることを勘案すると、これはいずれも経済面を強調している規定であることは明らかである。むろん、それを実現するプロセスにおいて、次項で示す他の自立要素が重要であることは否定しないが、最終の目標が経済的自立であることは疑いがない。

2　自立概念の拡大

現在でも一般社会においては、多くの場合、自立が経済面中心に語られていることは間違いない。しかしながら、社会福祉の領域では、経済面での自立が完全否定されているわけではないが、これを自立の一つの側面にすぎないととらえる見方の方が支配的になっている。とりわけ、障害者運動を起点とし、今や社会福祉の基礎概念にまで拡大したと言っても過言ではないノーマライゼーションという理念、その実践形態と考えられる自立生活運動（independent living movement）は、世界的レベルで、自立概念そのものを根本からくつがえすことになった。

障害者基本法では「この法律は、……障害者の自立と社会、経済、文化その他あらゆる分野への参加を促進することを目的とする」（第1条）、身体障害者福祉法では「この法律は、……身体障害者の自立と社会経済活動への参加を促進するため、身体障害者を援助し、……」（第1条）、精神保健福祉法では「この法律は、……その社会復帰の促進及びその自立と社会経済活動への参加の促進のために必要な援助を行い……」（第1条）とそれぞれ法の目的を規定しているが、ここにはいずれも、自立と経済活動が少なくとも並列にとらえられている様子がうかがえる。さらに、障害者自立支援法になると、「障害者及び障害児がその有する能力及び適性に応じ、自立した日常生活又は社会生活を営むことができるよう」（第1条）という表現を用いており、経済面の自立という要素はかなり薄まっている。

拡大された自立概念では、自立の側面として、経済的自立、身辺自立、社会的自立、精神的自立、住居の自立、生活自立、就職自立などが取り上げられている。とりわけ、障害者運動のなかからは、社会的自立あるいは精神的自立といった個人の主体的側面の能力あるいは自己決定を重視した自立論が展開されている。

3　社会状況に揺さぶられる自立概念

一方で、政策次元の自立概念は、社会状況との関係で常に振り子のように揺れている。とりわけ、問題の要因を社会的なものとみるか私的なものとみるかの間の揺れは大きい。これは、社会福祉が歴史的にかかえてきた課題であり、政策的にもビバリッジの五つの巨人（五大悪：five giant evils）以降、常に浮沈している。

昨今の国内事情でいうと、リーマンショック以降の長期的な経済不況で生活保護受給世帯の増加が著しく、２０１０（平成22）年度の保護率は29・０‰（パーミル、千分率）で、１９５０年代の戦後混乱期の水準にまで上昇している（厚生労働省大臣官房統計情報部 ２０１０）。このような事情もあってか、著名芸能人や議員の親族の生活保護受給問題がマスコミを賑わした。

第2節　法律等は社会的養護における自立をどのように考えているか

1　児童福祉法と自立支援

児童福祉法で、自立支援が明確にされたのは、１９９７（平成9）年の第50次改正である。それまでの社会的養護の目的は、「保護」「養護」などの受動的な権利保障の視点であった。養護系児童福祉施設については、文言の違いはあれ、施設内でのケアに力点が置かれている表現となっていたということである。むろん、通知や実践においては、自立支援相談事業、リービングケアさらにはアフターケアなどの名のもとに、自立に向けての取り組みや地域活動が行われていたことを否定するものではない。

法改正では、自立支援の趣旨が「……今回の改正においては、保護を要する児童について、施設において入所保護するだけでなく、個々の児童が個性豊かにたくましく、自立した社会人として生きていくことができるよう支援していくことを基本理念としたものです」（全国児童福祉主管課長会議資料1998　148頁）と説明されている。

この改正では、①児童自立生活援助事業を第2種社会福祉事業として法定化、②児童福祉施設の一部（母子生活支援施設、児童養護施設、児童自立支援施設）について、その目的に自立支援を追加、という大きな修正が行われた。合わせて、児童養護施設等における入所者の自立支援計画の策定を義務付けた。自立支援計画が求めている主たる内容は表1の通りである。

2　児童養護施設運営指針と自立支援

2009年12月、国連は総会において、「子ども

表１　自立支援計画が求めている自立支援の内容

対象	趣旨	実践内容
児童養護施設等	生活指導等において、自立支援の観点にたったケアの充実	・主体性と自己決定能力の向上 ・地域社会への参加の推進 ・洗濯・調理・社会資源の活用など日常生活能力の向上 ・職場実習やボランティア体験などを通じた社会生活体験の拡大、施設退所後の援助など
児童養護施設等の施設長	家庭環境の調整	早期家庭復帰により子どもの社会的自立を図る。家庭復帰が困難な場合は、面会、一時帰宅等を促進する。父母が死亡した場合や長期行方不明の場合は親族や里親家庭を活用する。
児童相談所	施設退所後の自立支援	施設退所児童のうち、必要なものについて、指導および一時保護を実施すること、あるいは児童自立生活援助事業の対象とすること。

の代替的養育に関する指針」（Guideline for the Alternative Care of Children）を採択した。この第23項では、脱施設化を前提としつつも、大規模施設が残る現状において、その養育基準の策定を求めている（表2）。

このこともあって、国では施設種別ごとの運営指針を策定することとなった。児童養護施設については、２０１２（平成24）年３月、「児童養護施設運営指針」（厚生労働省雇用均等・児童家庭局長通知）が策定された。この指針では、社会的養護の原理として、(1)家庭的養護と個別化、(2)発達の保障と自立支援、(3)回復をめざした支援、(4)家族との連携・協働、(5)継続的支援と連携アプローチ、(6)ライフサイクルを見通した支援、の六つを示している。このうち、発達の保障と自立支援は、表３のような内容となっている。

第３節　児童養護施設等を退所した子どもの振り返り

制度的には、これまで示したような内容の実践が求められているが、果たして実際に子どもたちは、退所後どのような生活を送っているのか。このことを、大阪市が行った『施設退所児童支援のための実態調査』（大阪市　２０１２）を通じて、少しだけのぞいてみる。

表2　子どもの代替的養育に関する指針　第23項

施設養護と家庭を基本とする養育とが相互に補完しつつ子どものニーズを満たしていることを認識しつつも、大規模な施設養護が残存する現状において、かかる施設の進歩的な廃止を視野に入れた、明確な目標及び目的を持つ全体的な脱施設化方針に照らした上で、代替策は発展すべきである。かかる目的のため各国は、個別的な少人数での養育など、子どもに役立つ養育の質及び条件を保障するための養育基準を策定すべきであり、かかる基準に照らして既存の施設を評価すべきである。公共施設であるか民間施設であるかを問わず、施設養護の施設の新設又は新設の許可に関する決定は、この脱施設化の目的及び方針を十分考慮すべきである。

表3　児童養護施設運営指針における発達の保障と自立支援の内容

・子ども期のすべては、その年齢に応じた発達の課題を持ち、その後の成人期の人生に向けた準備の期間でもある。社会的養護は、未来の人生を作り出す基礎となるよう、子ども期の健全な心身の発達の保障を目指して行われる。

・特に、人生の基礎となる乳幼児期では、愛着関係や基本的な信頼関係の形成が重要である。子どもは、愛着関係や基本的な信頼関係を基盤にして、自分や他者の存在を受け入れていくことができるようになる。自立に向けた生きる力の獲得も、健やかな身体的、精神的及び社会的発達も、こうした基盤があって可能となる。

・子どもの自立や自己実現を目指して、子どもの主体的な活動を大切にするとともに、様々な生活体験などを通して、自立した社会生活に必要な基礎的な力を形成していくことが必要である。

1　入所していた施設との関係

①施設との関係が途絶えているものが３分の１（ＭＡ）

退所施設からの連絡状況では、「特にない」と回答したものが33・0％と、3人に1人となっている。「電話やメール、手紙などで連絡をとっている」と「施設を訪問している」はいずれも4割台半ばである。

退所後5年未満の調査であるにもかかわらず、3分の1が、少なくとも施設側からの積極的なアプローチがない。この調査は、郵送調査での回収であり、たとえ引っ越ししていたとしても、住所は把握できる状況にある子どもからの回答である。なかには、子どもの側が拒否していたりすることも想定されるが、この数字はかなり高いと考えられ、アフターケアとしての自立支援の不十分さをうかがわせる。

連絡を取っている職員については、「退所時の担当の指導員・保育士」と「一番信頼している職員」がいずれも2割台であった。

②こころの問題や家族との関係についての支援の有効性については、子ども自身は実感できていない

調査では、「施設で教わってよかったこと」という質問項目がある。この回答をみると、「規則正しい生活ができている」「目標に向けて努力することができている」「仕事や通学が長続き

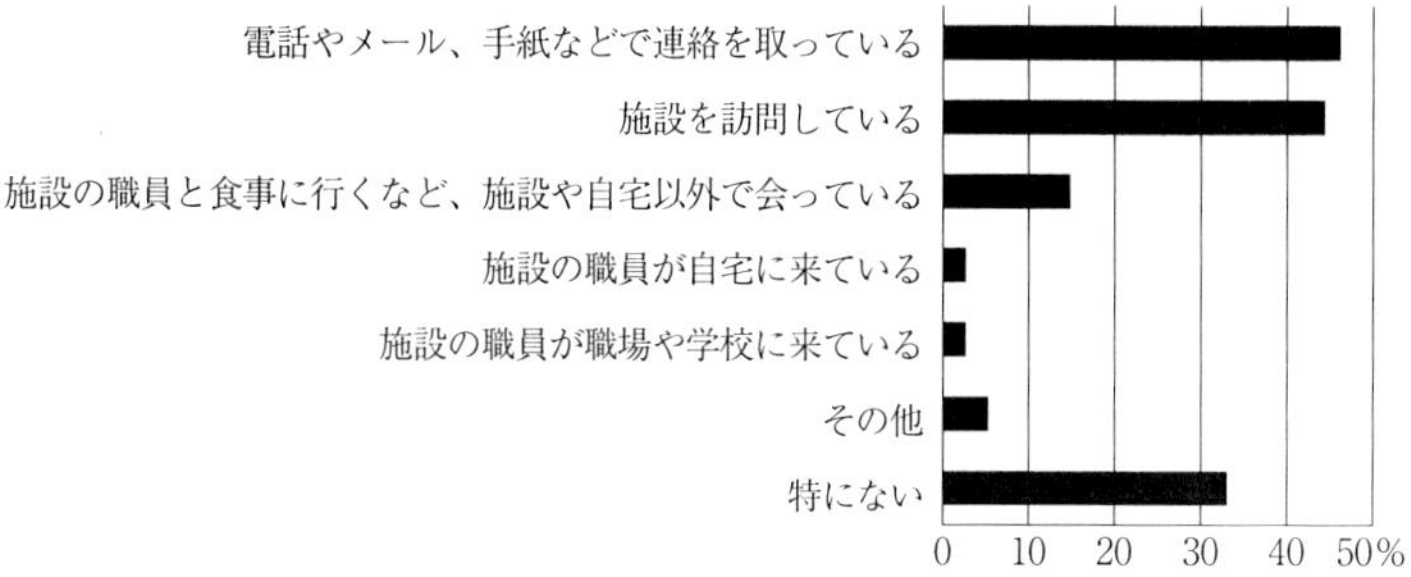
電話やメール、手紙などで連絡を取っている
施設を訪問している
施設の職員と食事に行くなど、施設や自宅以外で会っている
施設の職員が自宅に来ている
施設の職員が職場や学校に来ている
その他
特にない
0
10
20
30
40
50%

図１　退所施設からの連絡状況

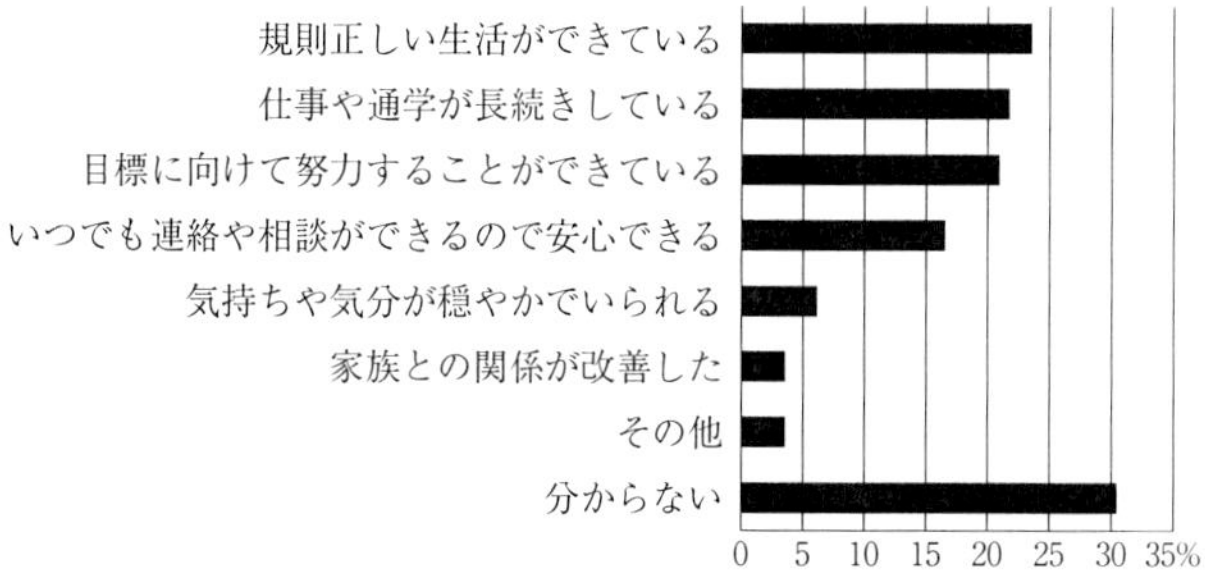
規則正しい生活ができている
仕事や通学が長続きしている
目標に向けて努力することができている
いつでも連絡や相談ができるので安心できる
気持ちや気分が穏やかでいられる
家族との関係が改善した
その他
分からない
0
5
10
15
20
25
30
35%

図２　施設で教わってよかったこと

している」などが、いずれも2割台前半で並んでいる。一方で、「気持ちや気分が穏やかでいられる」「家族との関係が改善した」については、1割に満たない回答であった。

施設での支援では、子ども自身の具体的な生活行為についての成果は、子ども自身が一定感じている様子がわかる。しかしながら、こころの問題や、家族との関係についての有効性については、子ども自身は実感できていない。

2　日常生活における困りごと

①退所後には、生活のさまざまな場面で困りごとがある

退所後の困りごとでは、「生活費などの経済面」「生活全般の不安や将来について」「親との関係」「学校や職場での人間関係」「友達との関係」が、それぞれ2割以上である。経済面や対人関係での不安や困りごとが多いことがわかる。また、少数ではあるが、「消費者金融やクレジット等の借金」というものもある。

②時間経過とともに困りごとは変化する

長くとも5年間の変化であるが、困りごとの内容は変化している。全般に、困りごとは減少しているが、3割以上減ったものとしては、「親との関係」「友達との関係」「学校や職場での人間関係」「住まいの確保」「生活費などの経済面」「孤独感を感じること」の6項目である。

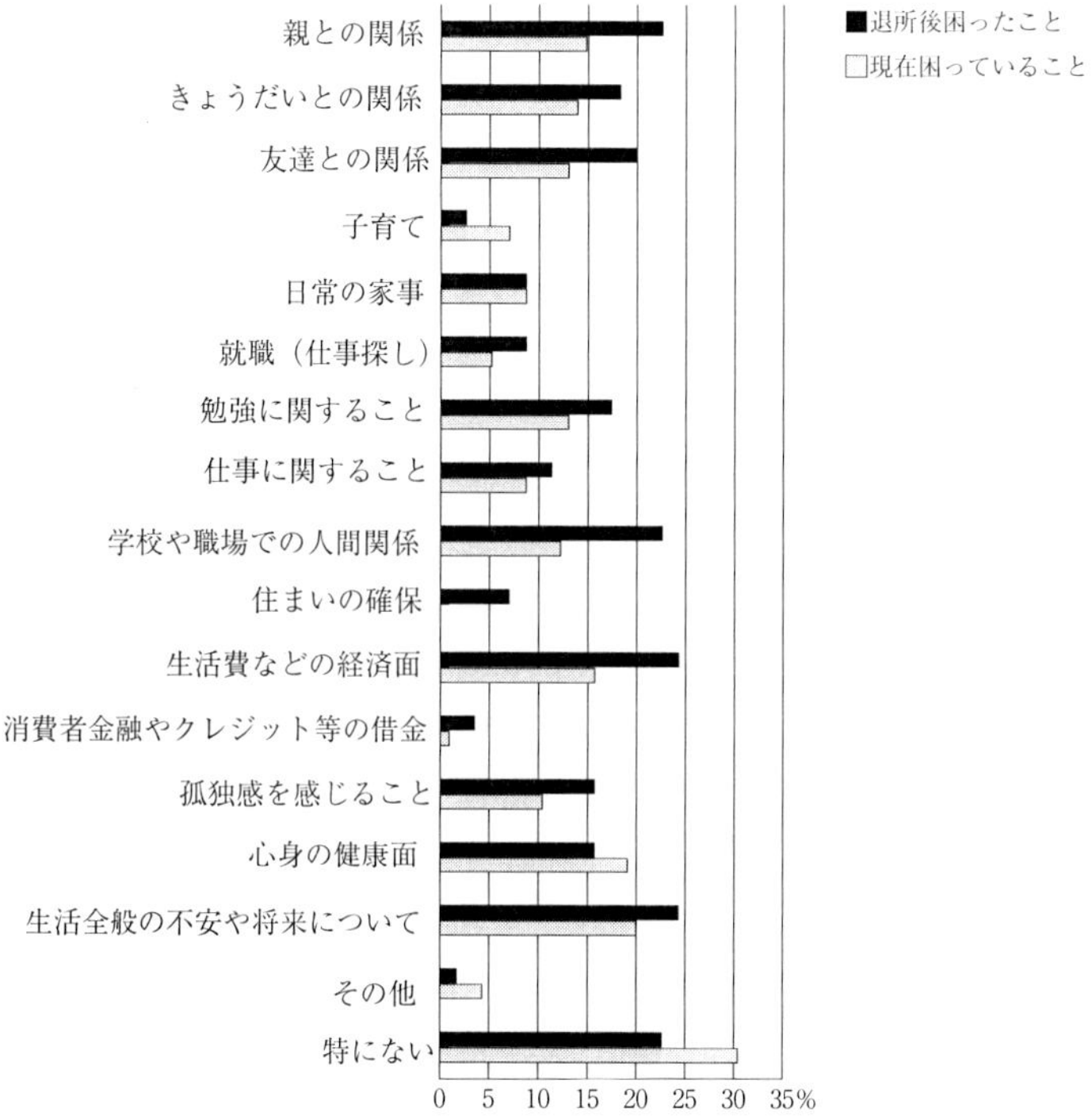

図３　退所後困ったこと、現在困っていること

とりわけ、「学校や職場での人間関係」「住まいの確保」「生活費などの経済面」の減少率は高い。

一方、上昇しているものは「子育て」「心身の健康面」、ほとんど変化がないものは、「日常の家事」である。

3　受けた支援と、今必要と感じているもののズレ

①日常生活に関わることでは、人間関係の持ち方や社会生活上の知識・経験を、退所前に身につけておく必要性を感じている

子どもが施設退所前に教わったと感じているものとしては、「掃除や洗濯のやり方」「人とのコミュニケーション、人間関係の作り方」「炊事（料理）のやり方」「社会生活上の基本的なマナー・ルール」「健康管理、病院の利用について」「ビジネスマナー、テーブルマナーについて」が２割を超えている。「法律に関する相談」「経済面での援助」「諸制度の手続きの方法（年金、健康保険、住民票等）」「身元保証、連帯保証等について」については、教わったという実感があまりないとなっている。

一方、退所前に教わる必要があると今感じているものは、全般に多くなっている。とりわけ、「人とのコミュニケーション、人間関係の作り方」「社会生活上の基本的なマナー・ルール」「金銭管理、銀行の利用について」「日常生活における相談やアドバイス」「掃除や洗濯のやり

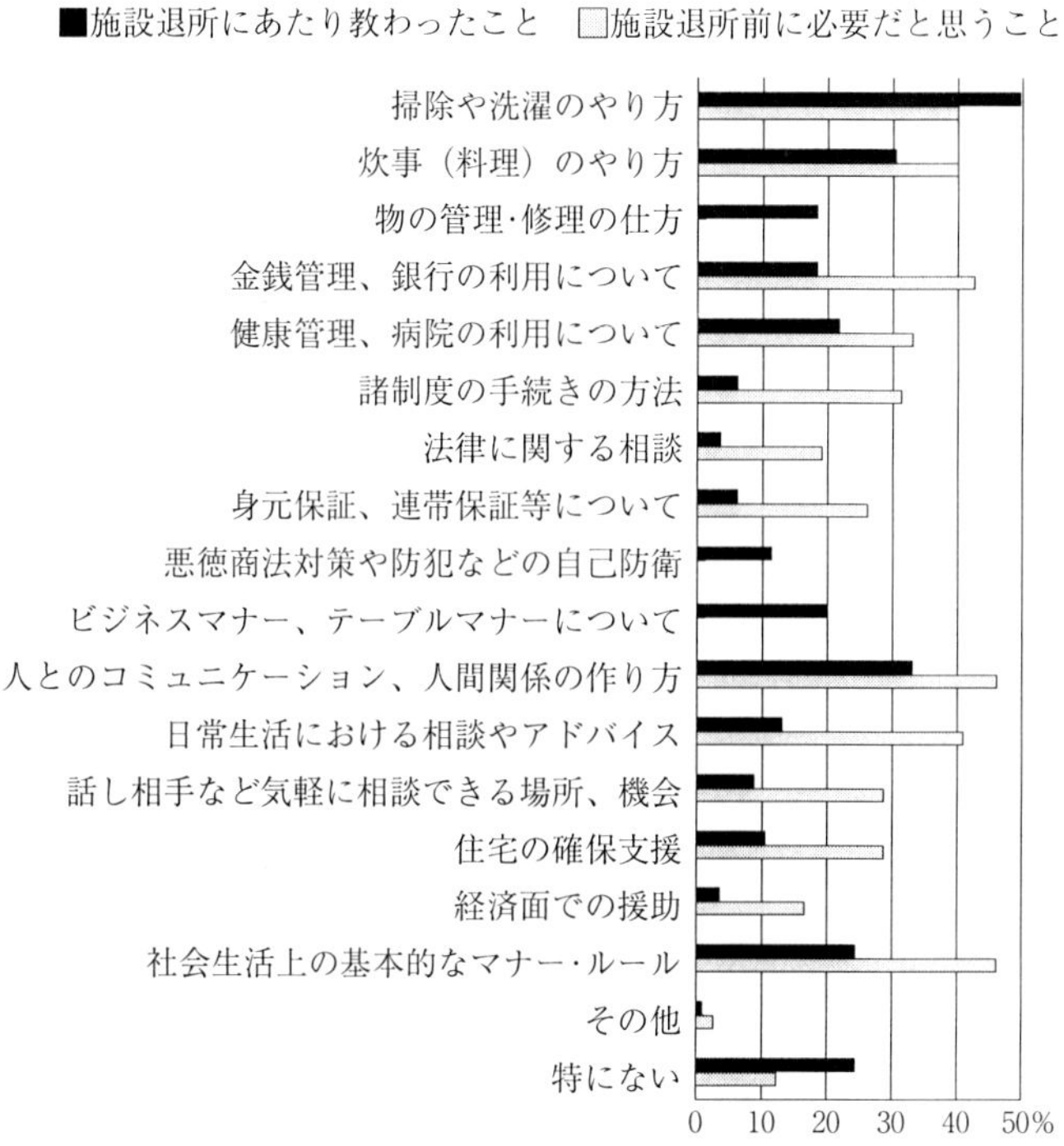
施設退所にあたり教わったこと
施設退所前に必要だと思うこと
掃除や洗濯のやり方
炊事（料理）のやり方
物の管理･修理の仕方
金銭管理、銀行の利用について
健康管理、病院の利用について
諸制度の手続きの方法
法律に関する相談
身元保証、連帯保証等について
悪徳商法対策や防犯などの自己防衛
ビジネスマナー、テーブルマナーについて
人とのコミュニケーション、人間関係の作り方
日常生活における相談やアドバイス
話し相手など気軽に相談できる場所、機会
住宅の確保支援
経済面での援助
社会生活上の基本的なマナー･ルール
その他
特にない
0
10
20
30
40
50%

図４　日常生活で必要なこと

方」「炊事（料理）のやり方」は4割を超えている。

教わったと実感しているものと、教わる必要があると感じているもののズレでは、ほとんどの項目で必要があるというものが多くなっている。一方、減少しているのは、「掃除や洗濯のやり方」「物の管理・修理の仕方」「悪徳商法対策や防犯などの自己防衛」「ビジネスマナー、テーブルマナーについて」などである。

②進学に関わることでは、すべての項目で、退所前に身につけておく必要性があると感じている

進学に関わることでは、「進学に必要な学力などを身につけるための手助け」「進学を希望する上での手助け」「能力や適性にあった進学先のアドバイス」「学習指導」の4項目について質問している。回答結果ではいずれも、指導を受けたと実感しているものは、せいぜい2割であったが、退所後は、すべての項目において、必要性を感じているものが多くなっている。とりわけ、「進学を希望する上での手助け」は2倍を超えている。

③仕事に関わることでは、すべての項目で、退所前に身につけておく必要性があると感じている

仕事に関わることでは、「仕事に必要な知識・技能などを身につけるための手助け」「資格取得の手助け」「能力や適性にあった就職先のアドバイス」「仕事先のあっせん」「履歴書の書き方や面接の受け方などの指導」「仕事先との関係調整」の6項目について質問している。回答結果ではいずれも、指導を受けたと実感しているものは、せいぜい1割台半ばであったが、退所後は、すべての項目において、必要性を感じているものが多くなっている。とりわけ、「資

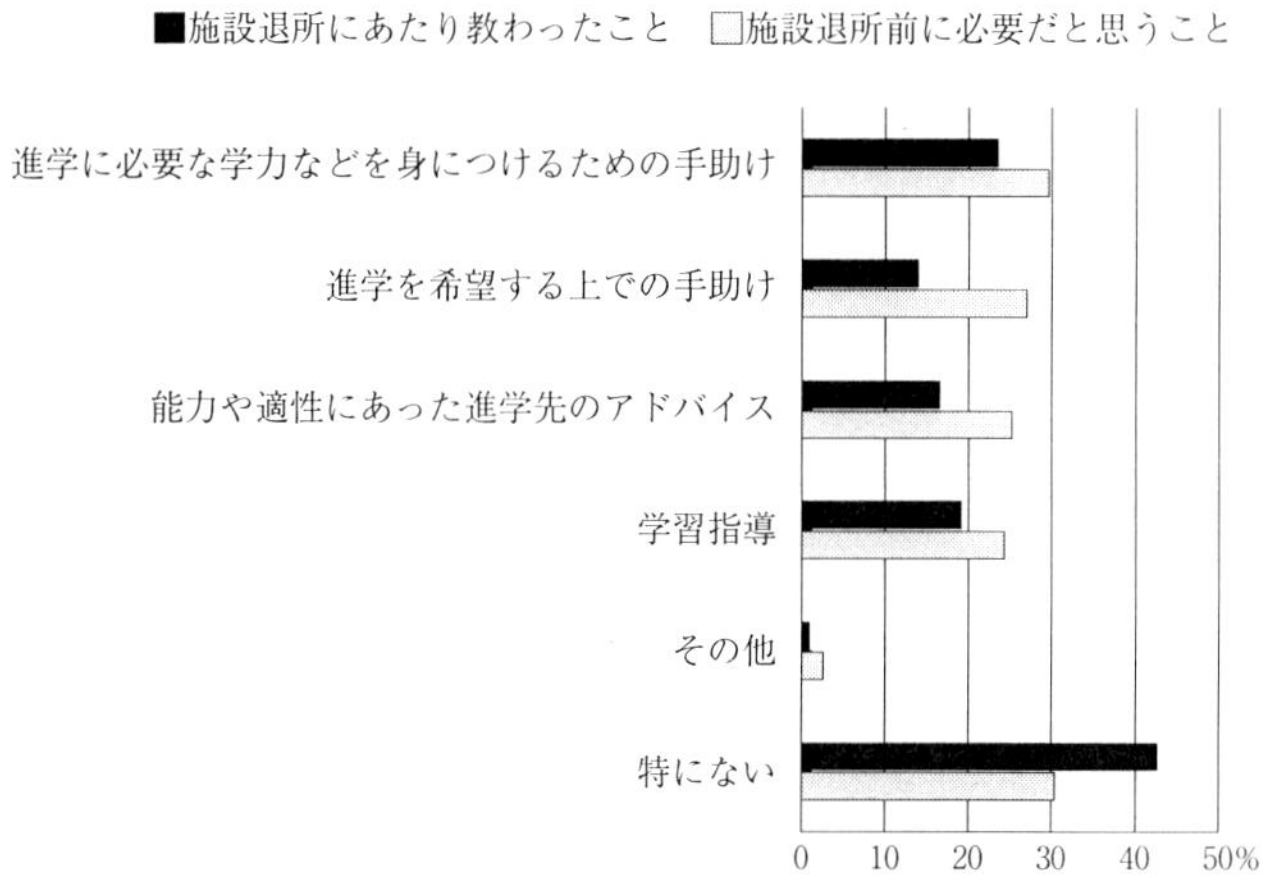
■施設退所にあたり教わったこと　□施設退所前に必要だと思うこと
進学に必要な学力などを身につけるための手助け
進学を希望する上での手助け
能力や適性にあった進学先のアドバイス
学習指導
その他
特にない
0
10
20
30
40
50%

図５　進学で必要なこと

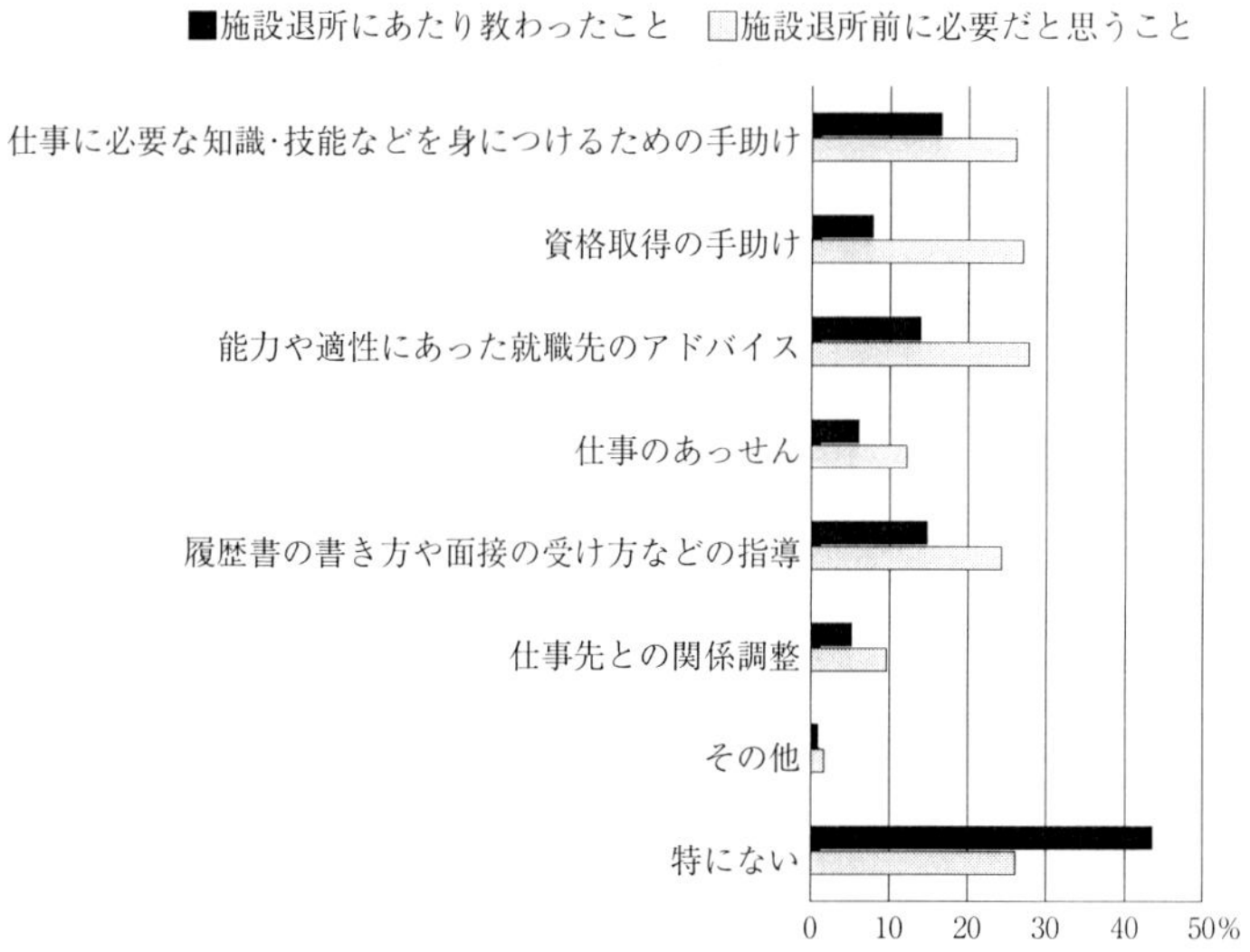
■施設退所にあたり教わったこと　□施設退所前に必要だと思うこと
仕事に必要な知識･技能などを身につけるための手助け
資格取得の手助け
能力や適性にあった就職先のアドバイス
仕事のあっせん
履歴書の書き方や面接の受け方などの指導
仕事先との関係調整
その他
特にない
0
10
20
30
40
50%

図６　仕事で必要なこと

格取得の手助け」「能力や適性にあった就職先のアドバイス」「仕事先のあっせん」は2倍を超えている。

第4節　児童養護施設における自立支援の考え方と取り組み指標

1　児童養護施設における自立支援の考え方

筆者はかつて、「リービングケア」という概念を提唱したことがある（山縣　1989）。リービングケアという考え方は、主としてイギリスの児童養護ケアのなかで提唱された概念である。イギリスでは、その後も政策的にこの取り組みが展開されている（津崎　2012）。当時、日本の児童養護ケア界では、インケアのみならず、退所後のケアであるアフターケアが重要であるということが根付きつつあった。しかしながら、アフターケアを支える制度環境はきわめて脆弱であり、入所施設やその職員の善意の上に実践されていたり、インケアとは分断された、独自のアフターケア機関の実践として展開されていたりというような状況であった。すなわち、両者が連続線上に位置付けられることは理解されていたが、その境界がどのような構成になっているのか、あるいはどのように境界を越えていくのかについては、十分な理解がなかったということである。

リービングケアは、このような両者の境界に位置付けられ、双方からの取り組みが必要であることを意識させた重要な概念であったと考えてよい。リービングケアを日本語に直すと、インケアの方からみると「退所準備ケア」、アフターケアの方からみると「社会生活導入ケア」といったイメージになる。リービングケアは、インケア期から始まり、アフターケア期においても続くということである。

新保は、自立支援には、早期対応、入所直後の心理的ケア、日常生活を通じた支援、リービングケア、アフターケアの5段階があり、特に初期の2段階が、自立支援の鍵を握ると指摘している（新保　1998　17頁）。また、竹中は、自立はプロセスであり、常に変化する不安定なものであると指摘している（竹中　1998　203頁）。いずれもなかなか、的を射た重要な指摘である。

リービングケアは、全体性の原理に基づき子どもの生活を作るという基本のケアの上に、生活拠点の変化を視野に入れ、それに特化した援助の視点や援助方法を強調するにすぎない。その際には、以下の3点が重要となる。

第一は、施設生活と社会生活との間の変化の調整である。近年ではかなり変化してきたとはいえ、集団でかつ保護された環境下にある施設生活から、個人の生活であり、それを1人で切り盛りしなければならない社会生活へと子どもたちは成長していく。その変化の衝撃を和らげるためにあらかじめ取り組むのがリービングケアである。施設生活の受け止め方やそこで身につけたものは、一人ひとりによって違う。ましてやその後の生活パターンは、子どもの数と同じくらいあるといっても過言ではない。したがって、リービングケアでは、個別性という視点が、インケア以上に重要となる。

第二は、ケアマネジメントの視点である。できるだけ個別的なケアを組み立てていくには、一人ひとりの子どもの状況を的確に把握（アセスメント）し、また社会生活像を想定し、そのギャップを埋めていくケアの中身を見いだしていく必要がある。そのためには、活用できる社会資源などに対する的確な認識も必要となる。

第三は、コミュニティケアの視点である。社会生活は当然地域のなかで営まれる。リービングケアもこのような事実を大切にし、地域社会との関係のなかで実践することが重要である。保護された環境下での模擬社会生活だけでなく、できるだけ現実に近い想定での取り組み、それに関連する社会資源との関係を子ども自身が築いていく経験が重要である。

2　児童養護施設における自立支援の実際的取り組み指標

筆者は、かつて、大阪市児童福祉施設連盟処遇指標研究会の一員として、児童養護施設の子どもの自立支援の指標作りと、その具体的な実践に取り組んできた。この研究会を通じて、⑴相談援助機能（児童、家庭、施設・機関、職場）、⑵生活援助機能（宿所提供サービス、通所援助サービス、アウトリーチサービス）、⑶研究開発機能（ケアプログラム開発、職場・職種開発、調査研究）の三つの機能を核とした自立生活支援センターの必要性を提唱するとともに、⑴生活技能の修得、⑵就職過程の把握、⑶社会資源の把握、⑷社会儀礼等の修得からなる社会生活援助指標の作成と、これに基づく援助実践などを発表してきた（大阪市児童福祉施設連盟養護部会処遇指標研究会　１９９６、山縣文治他　１９９７）。これをさらに、林が精緻化したものが、表４および表５である（林

表４　社会生活支援内容

	退所準備援助項目（①〜④）
短期的課題	①生活技能の修得 食生活の管理　衣類の管理　社会生活の管理　家計の管理　生活機器の管理　居住空間の管理　健康の管理　生活リズムの体得
	②就職過程の把握 職探しの方法の修得　就職までの手続きの修得　資格の修得　就労に際しての心構えの体得　給与についての理解
	③社会資源の把握 活用可能な施設・機関とその機能についての理解
	④社会儀礼などの修得 手紙の書き方・電話の応対・近所づきあいのしかた・礼儀作法の修得
中期的課題	⑤生活意欲の向上
	⑥余暇の活用
	⑦結婚観・家族観の体得
長期的課題	⑧精神的・人格的発達

林浩康（2004）『児童養護施策の動向と自立支援・家族支援』中央法規　96 頁

表5　退所準備援助項目・達成課題・個別課題

援助項目	達成課題	個別課題
①生活技能の修得	食生活の管理	食事の計画・栄養計画　購入・保存　調理　片づけ　備品管理（食器・はしなど）残り物の使い方の理解
	衣類の管理	衣料の計画（季節・場所）購入　洗濯（コインランドリー・クリーニングを含む）アイロンの使い方の理解　服装・髪型・身だしなみへの配慮
	金銭の管理	支出計画（各種支払いとその方法）預貯金（口座の作り方と預貯金の方法）の理解　街頭販売・マルチ商法などの理解　カード・ローンの理解　クーリングオフの理解
	生活機器の管理	電気機器の補修　ガスの管理　メディア機器の管理　車の購入方法とその管理の理解
	居住空間の獲得・管理	住居探しの方法の修得（新聞・雑誌・不動産屋など）家賃・敷金・礼金・保証人についての理解　取得契約・更新についての理解　引っ越し方法　掃除片づけ　修繕方法の理解
	健康管理	嗜好品と健康に関する知識（酒・たばこ・ドラッグなど）の修得　睡眠および運動と健康との関係　ストレス発散方法　性に関する知識の修得
	生活リズムの体得	規則的生活の体得
②就職過程の把握	職探し方法の修得	職安・情報誌・新聞　看板などの見分け
	就職までの手続きの修得	履歴書の書き方　面接の受け方の理解
	資格の修得	運転免許　就職に関する各種資格についての理解
	就労に際しての心構えの体得	人間関係に関する知識　職場のルール・マナーについての理解
	給与に関する知識の修得	賞与・保険・年金・税金についての理解
③社会資源の把握	活用可能な施設・機関に関する知識の修得	役所　警察　病院　保健所　裁判所　ハローワーク（ヤング・ジョブ・ガイダンス）弁護士会館　児童相談所　郵便局　銀行　消費生活センター　社会福祉事業協会　公民館　勤労青少年センター　公民館　民間の思春期相談室　児童虐待防止協会　広報誌などに関する機能の把握および手続きに関する知識の修得
④社会儀礼などの修得	文書の書き方　あいさつのしかた　各種作法の修得	手紙の書き方　電話の対応　近所づきあいのしかた　謝り方・断り方　礼儀作法の修得　親族とのつきあい方　人間関係のもち方についての理解　印鑑の使い方の理解　宗教・政治団体とのかかわり方の理解

林浩康（2004）『児童養護施策の動向と自立支援・家族支援』中央法規　97頁

２００４）。

おわりに

社会的養護児童の自立の困難さは、文献に示した多くの書誌のなかで、子どもの声を通じて語られている。谷口は、「脱出」という概念を用いて、これを表現している。イギリスの社会政策から広がり、わが国の福祉政策でもよく用いられる概念として、「排除―包摂」という対概念として一般にとらえられるものがあるが、著者は「包摂」は生活者を主体とした概念ではなく、社会を主体とした概念であるとし、「脱出」という概念を導入する（谷口　２０１２　15-19頁）。これは、「支援」という概念をさらに生活者の主体に近づけたということができる。このような考え方は、虐待、暴力、いじめなどを受けた子どもや女性の分野でも近年用いられることが多い。「レジリエンス」はその代表的な用語である（マーク・Ｗ・フレイザー編著、門永朋子他訳、『子どものリスクとレジリエンス』ミネルヴァ書房　２００９）。虐待を受けながらも生き抜く人を、サバイバー（生存者）と呼んだ人もいる。

「脱出」のプロセスは、入所時点から始まる。入所中の生活は、その後の生活に影響することが多く、退所時に不安定な状況のままであると、退所後の生活環境も不安定になる傾向があることを谷口は示している。

一方、思春期以降の入所が多くなっている現状では、心の安定が得られないまま、あるいは自分自身の心の未整理なまま、換言すると、リービングケアに踏み込む以前の状況で退所せざるを得ない子どもが増えているのが現状である。社会的養護サービスの枠組みの内に直接入っていることができるのは、制度的には18歳の年度末、延長制度を利用しても20歳が上限である。

禅の教えに「啐《そっ》啄《たく》同時」（「啐啄同機」とも言われる）という言葉がある。「啐」は、ヒナ鳥が殻を内側からコツコツとつつくことを意味し、「啄」は、親鳥が外から殻をコツコツとつつくことを意味する。両者のタイミングがあって（同時）、初めてひよこが無事生まれることになる。「啐」が早過ぎると早産のままに社会に出て、脱出しがたい困難に出会うこととなる。「強いられた自立」である。逆に、「啄」が早過ぎると、制度による抱え込みとなり、自立の時期を逸することとなる。両者のタイミングがずれた（「啐啄異時」）ということである。

これを図示したのが、図７である。自立には、プロセスとタイミングが必要である。これは、支援者の側の支援プロセスだけではなく、子どもの側の育ちのプロセスでもある。社会的養護における「自立」は、「自律」であると同時に、「而立」でなければならない。現在の状況は、結果的に、いずれのプロセスからみても、「啐啄異時」と言わざるを得ない。両者のタイミングを合わせるためには、支援の質の向上のみならず、直接的な支援期間を延長するか、退所後

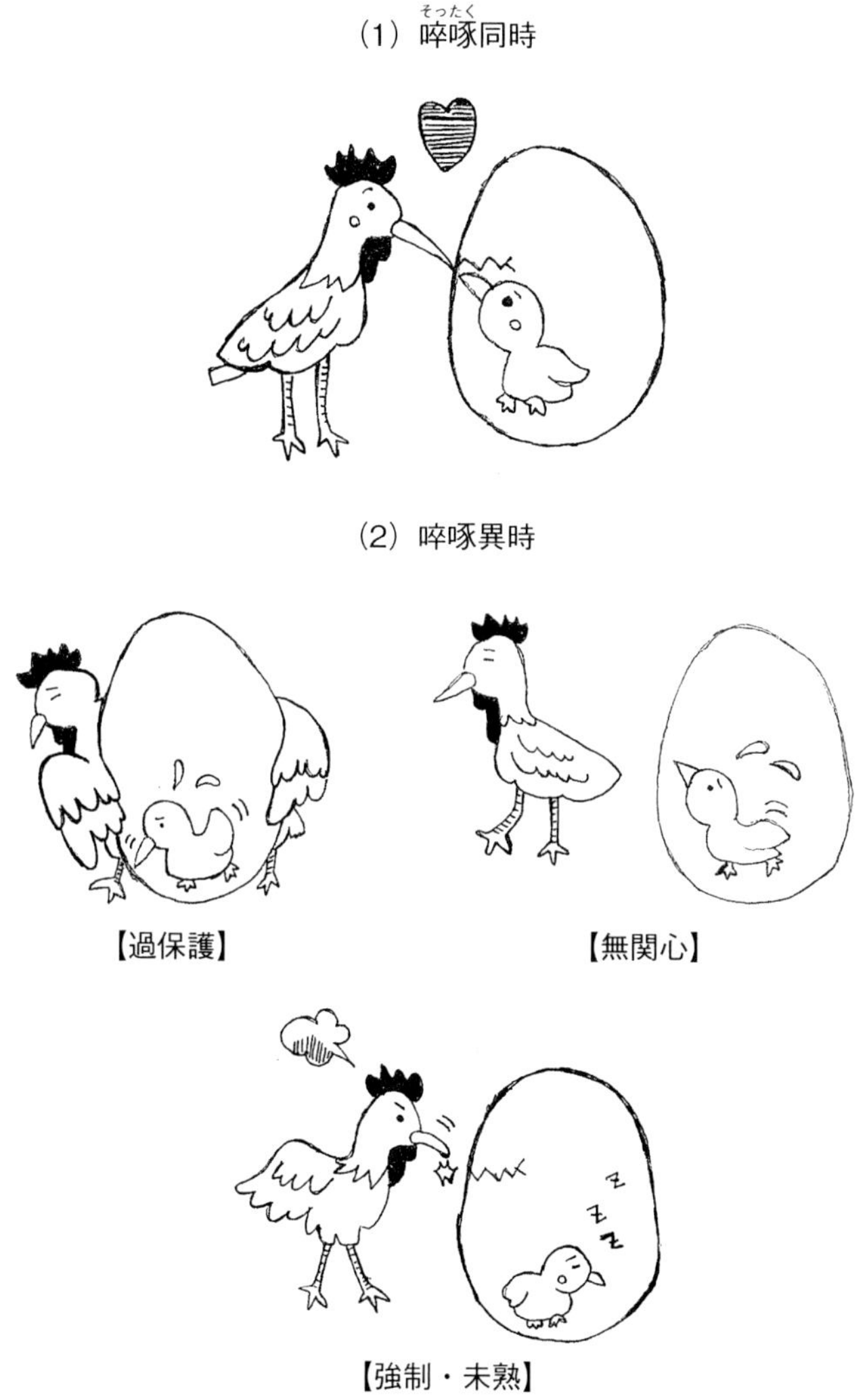
(1) 啐啄《そったく》同時
(2) 啐啄異時
【過保護】
【無関心】
【強制・未熟】

図７　自立のタイミング

絵：入澤のぞみ

のリービングケアを強化することが必要である。子どもの幸せを図るためには、国民的な理解が必要である。

【参考文献】

宇都宮誠編『生きるための学校』日本評論社　２００８

大阪市『施設退所児童支援のための実態調査』２０１２　※この調査は、措置変更等をのぞき、大阪市所管の児童福祉施設をおおむね過去5年間に退所した、施設生活経験者等を対象にしたものである。調査は、２０１１年6月に郵送式アンケート調査で行われ、配布数６３４件に対し、１６０件（うち、児童養護施設等：１１５件、母子生活支援施設：45件）の回収が得られている。本文で紹介しているデータは、このうち、乳児院、児童養護施設、情緒障害児短期治療施設、児童自立支援施設退所者の回答１１５件である。

大阪市児童福祉施設連盟養護部会処遇指標研究会『養護高齢児に対する社会生活援助に関する調査報告書』１９９６

厚生労働省大臣官房統計情報部『社会福祉行政業務報告（福祉行政報告例）』２０１０

施設で育った子どもたちの語り編集委員会編『施設で育った子どもたちの語り』明石書店　２０１０

新保幸男『児童福祉の理念と自立支援、世界の児童と母性』ｖｏｌ．45　１９９８

全国児童福祉主管課長会議資料　柏女霊峰編『改正児童福祉法のすべて』所収　ミネルヴァ書房　１９９８

竹中哲夫『児童福祉法改正論』三和書店　１９９８

高月波子・内田郁子『縁を育む』編集工房ノア　２０１２

谷口由希子『児童養護施設の子どもたちの生活過程』明石書店　２０１２

津崎哲雄『養護児童の声　社会的養護とエンパワメント』福村出版　２０１２

津崎哲雄「社会的養護を離れた（る）若者への大人期移行支援　英国の政策動向点描」『世界の児童と母性』ｖｏｌ．

72　２０１２
中田基明編　『家族と暮らせない子どもたち』新曜社　２０１１
西田芳正　『児童養護施設と社会的排除』解放出版社　２０１１
林浩康　『児童養護施策の動向と自立支援・家族支援』中央法規　２００４
マーク・Ｗ・フレイザー編著　門永朋子他訳　『子どものリスクとレジリエンス』ミネルヴァ書房　２００９
宮田雄吾　『「生存者」と呼ばれる子どもたち』角川書店　２０１０
山縣文治他　『要保護児童の自立支援に関する研究』平成８年度厚生行政科学研究事業報告書　１９９７
山縣文治　『児童養護におけるリービング・ケア』ソーシャルワーク研究　ｖｏｌ．15-1　１９９８

第5章　里親養育における自立支援を考えるにあたって

――実態調査を通じて気づかされたこと

青葉紘宇

はじめに

「雨も降ってきたし、もう遅いからアパートへ早く戻ったら……」と促され、ひとり生活を始めた里子は「うん、じゃ、また……」と雨のなかを帰って行く。後姿を見ながら、これでいいんだ、と自分の心に言い聞かす。

これまで里親子をテーマとする話題は、真実告知や幼児期の養育の意義や対応の方法、思春期の対応が多く、自立について話題にすることが少なかったようである。里親として世に問う流れが何故かできなかった。措置解除後の対応は、制度としての対応のないまま個人として場当たり的に処理する状態が続き、エアーポケット状態を呈している。18歳以降の問題は、行政も里親もどうしていいか分らないまま時間だけが進み、措置関係が終了してしまう経過を辿っている。里親会としても気付いていながら、個人の領域と見なして今日に至っている。

里親と一緒に暮らした子どもが措置解除後どんな生活をしているのかを知ることは、里親にとって今の子育ての参考になるのだが、その多くが自分の子育ての成果を知る術を持てない状況にある。質の高い養育とか自立に向けた子育てとか言われても、里親としては日々の生活に目を奪われ、将来に目線を向けることができないでいる。

この度、平成23年度にＮＰＯ法人ふたばふらっとホームの実施した「解除後の実態調査」に間近に接する機会があり、全体のデータに加えて里子からの回答の一部に接する機会を持つことができた。調査への参加を通じて感じたことを里子との生活体験とだぶらせながら、見えてきたことについて私見を述べてみたい。本稿は里親という個人の狭い視野からの見方を述べるので、決めつけた見方や客観性に欠ける記述も多々あるかと思うが、お許しいただきたい。

第1節　実態調査回答者の現状を考える

今回のふたばふらっとホームの調査は、大きく分けて、回答者の学歴や家族状況などの現状を聞く設問と、今何に困っているかなど考え方や内面の声を聞く設問とから構成されている。後者の主観がベースになる事項は、施設を措置解除で出た若者（以下、施設という）と、里親宅を措置解除で出た若者（以下、里子という）とを比較してみた結果、大きな差は認められず、多くが共通の傾向を示していた。当事者の内面の声は、他の類似の調査結果ともほぼ同じ傾向を示しており、それぞれの報告書や新聞などに公表されているので、本稿においては割愛することとした。

したがって、本稿は回答者の現状を中心に述べることになるが、今回の調査が統計上の手続きを満たしていないこと、サンプル数が少ないことによりデータを過大に取り上げるのを控えたいと思う。幸いにもこの分野では厚労省の調査結果があるので、そのデータを参考にしながら今回の調査から見える部分について述べることとした。

1　アンケートは里子のどの層に辿り着いたか

里子に限ってみると、３３０通を都道府県市の里親会に送付し、里親会から里子を社会に巣立たせた里親個人に転送してもらった。里親が里子の住所を知っているはずとの前提に立って、里子に転送してもらう手順を採り、里子からの回答数は98通であった。どの層にアンケートが届き回答が寄せられたか、確たるデータはないが、僅かな手がかりを材料に探ってみる。

①回答者のなかで20歳から35歳までが回答者の約9割を占める

このことは、措置解除後5～15年を経ても里子にこのアンケートが届き、回答を寄せられる環境下にあり、里親との関係が保たれていたことを語っている。また、里親が現在の里親会の名簿に載っているということは今も現役の里親であり、アンケートを転送された里子は、里親にとって最初の頃の里子が多いのではないかと思われる。最初の頃の里子との関係が順調にういっていたがゆえに、この里親は今も2人目3人目の子どもを受託しているのではないかとも想像できる（図1）。

すなわち、里親のなかでは順調に子育てが進んだ層にこのアンケートが届いていると考えられ、回答の結果も穏かな傾向を示す可能性がある。しかし、ホームレスや行刑関係の調査では、社会的養護下に育った人が少なくない割合で含まれているという報告もあり、今回の調査結果を額面通りに解釈することは慎まなければならない。

②最終学歴が中学校卒業となっている人が約1割いる

中学校で学業が終わっている場合はその時点で措置解除になっているはずであるが、措置関係が切れてもその後の連絡が取れる関係にあるという事実は着目に値する。

中学卒業前後の時期に里親委託が解除されるのは、まず就職した場合が考えられる。さらに、家族関係が修復して家族の元に引き取られたか、成績が振るわないとか非行に走ったなどの理由で里親の元では世話できなかった場合が考えられる。一般的にこのような場合は、その後の里親との付き合いは希薄になるのではないかと想像されるが、1割であれ回答のあったことは、里親子間の絆は世間で思っている以上に懐が深いのではないかとの印象を受ける。無縁社会などと言われている時代にあって、人の絆の妙と言えるかもしれない。

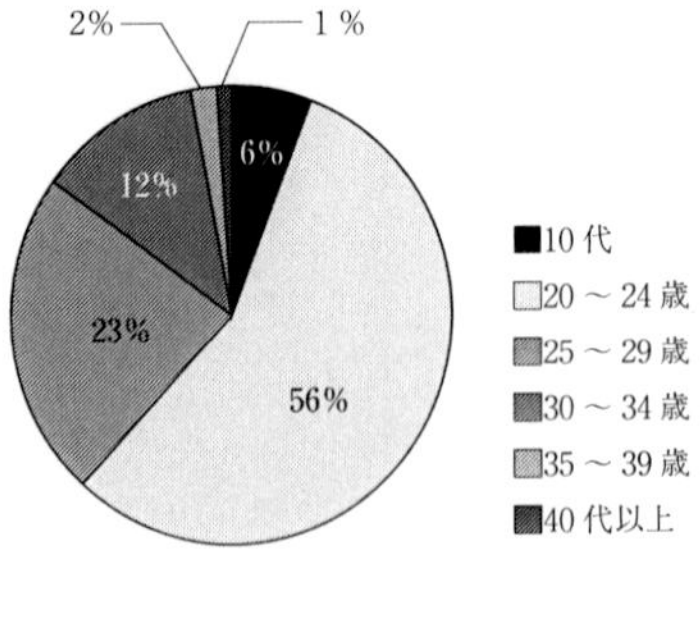

図1　回答した里子の年代（98人）

施設からの回答も同じ傾向を示しており、一部であれ子どもと里親、施設の職員とのコミュニケーションが切れていない様子がうかがえる。当初からこのアンケートが社会的養護下にあって順当に推移した人を対象にしたに過ぎないと心配されていたが、思ったより広く配布され回答が寄せられていたのかもしれない。

2　里親が連絡できる里子とはどんな存在か？

里親体験を話す会合などでよく耳にするが、養育里親子の関係は小さい頃から高校生まで育て上げるという印象を世間は持っている。養子縁組の姿と養育里親の姿が重なって映っている人もいるように見える。今回の調査では、里親にいた期間が「10～15年未満」14人、「15年以上」28人で、合わせると98人中42人の里子が10年を越える長い付き合いをしている（図２）。施設にいた期間をどのように加えるか明示していな

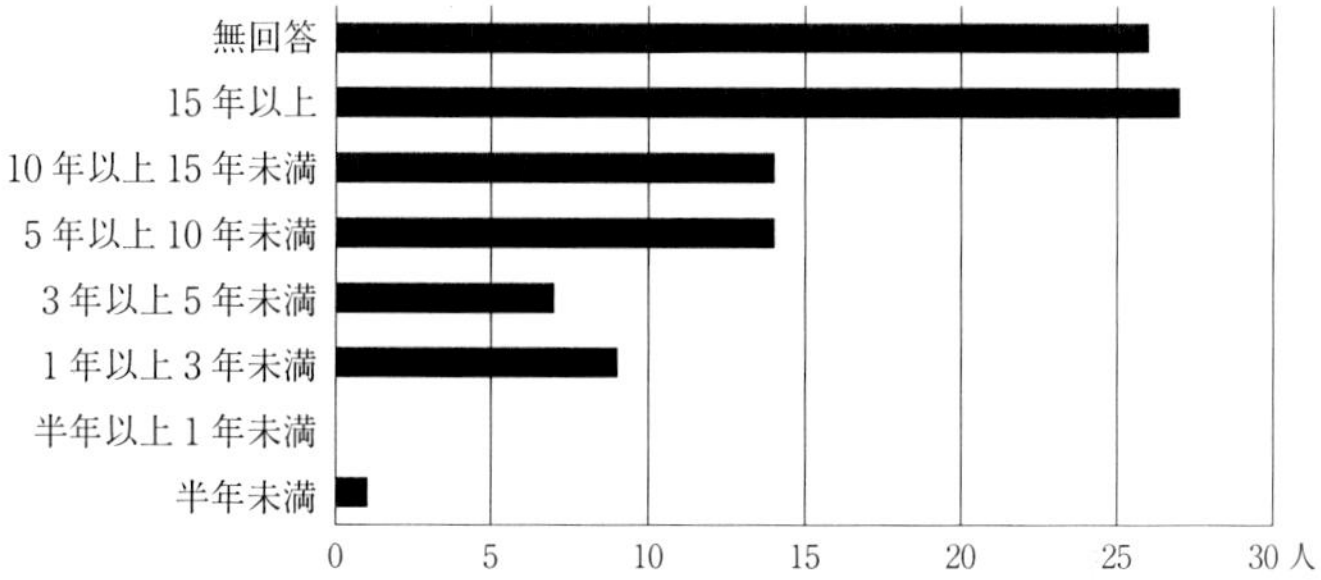

図２　里親のところにいた期間（98 人）

かった関係から未記入者もいたと思われるので、それらを勘案すると回答者の半数以上は長い付き合いをしていたことが推測できる。

一方、養育里親の委託期間について厚労省の統計を見る限りそのようにはなっていない。解除した子どもの措置期間別にみると、10年以上の委託期間のあった里親子関係は1割以下である（図3-2）。想像以上に養育里親は短期の措置関係にあり、18歳の満年齢解除を待たずに短期間に措置したり解除したりの関係が広く行われている。里親制度全体からみると、里親子の付き合いは一般に思われるほど長い期間とはなっていない。また、措置期間について里子と施設を比較してみても、両者の間には大差がなく、今後の里親制度を見て行くなかで避けて通れない現実となっている。

しかし、筆者の周りを見渡すと、多くの里親子は高校卒業まで付き合いのある人が目立ち、実のところ統計結果の実感が伴わない。統計と現実を合わせるため

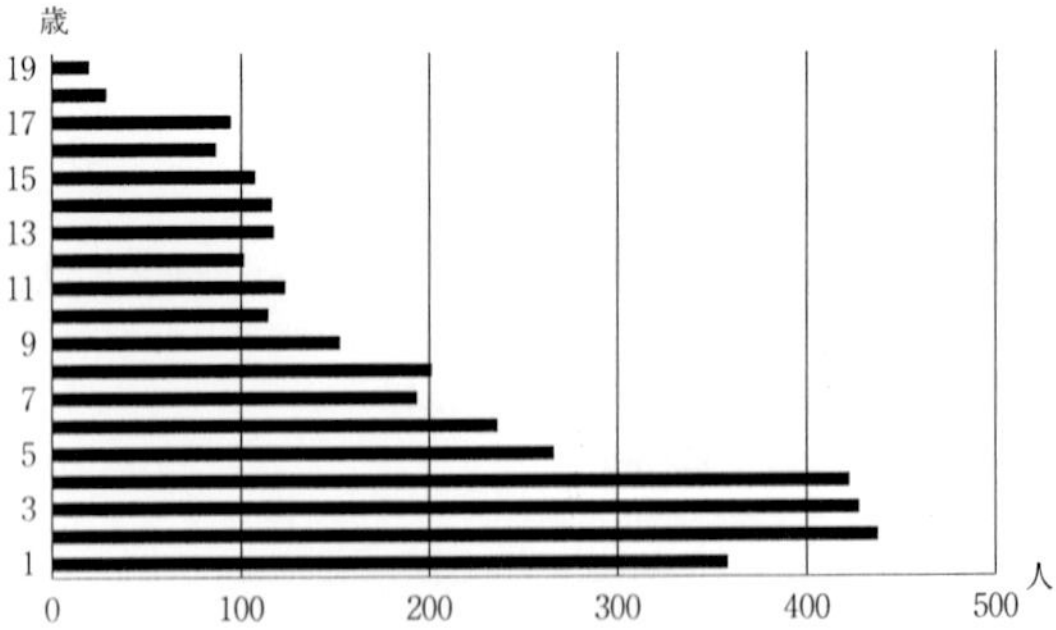

図3-1　里親在籍児童の委託時の年齢

平成23年3月1日現在　厚労省調べ　全数3,597人

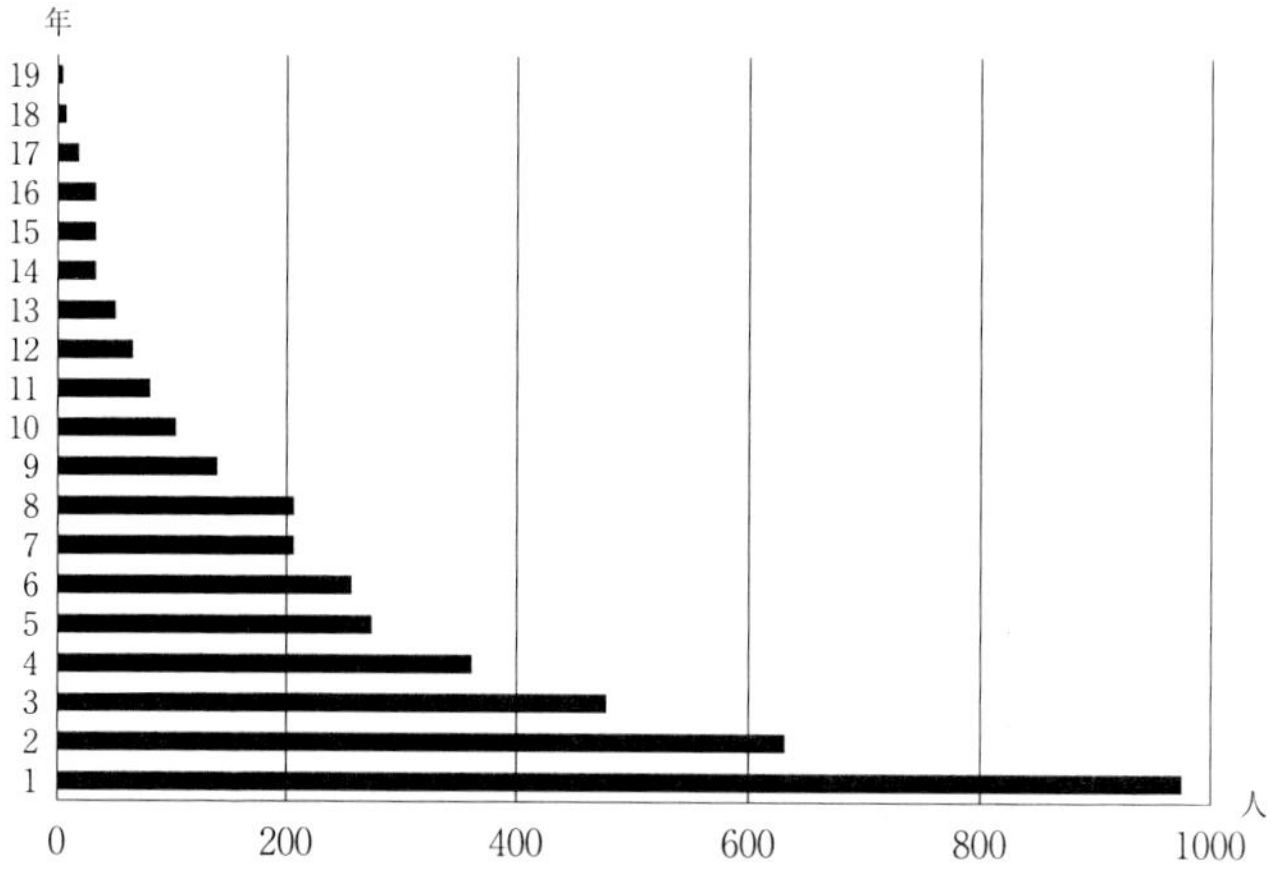

図 3-2　里親委託中児童の委託期間別児童数

平成 23 年 3 月 1 日現在　厚労省調べ　全数 3,951 人

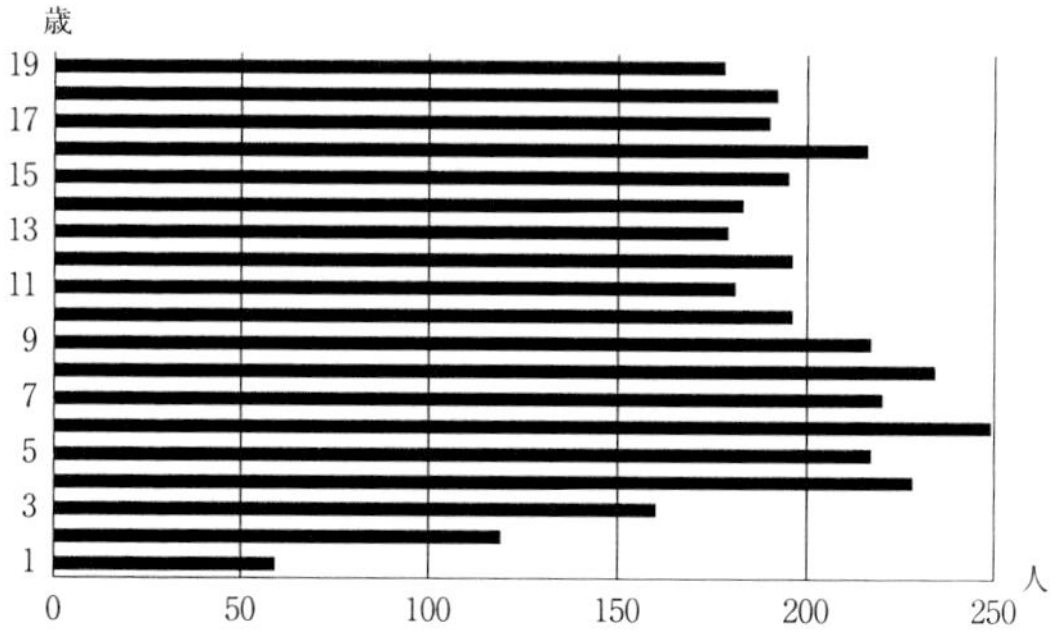

図 3-3　里親在籍児の年齢

平成 23 年 3 月 1 日現在　厚労省調べ　総数 3,609 人

に強いて解釈すると、里親でも最初の子どもとは長い付き合いをし、時には養子縁組にいたる場合もあるだろう、2番目以降に出会う子どもから短期措置の関係になっているのかもしれない。そう考えると統計にも少し現実味が帯びてくる。

高校卒業前に措置解除になる子どもは、年齢に関係なく自身の家族の誰かに引き取られるか、障害関連の施設などへ変更するか、中学校を卒業して就職し会社の寮を住まいにするなど、里親から離れるのが一般的である。家族に引取られる場合は、子どもや実親との連絡は避けるようにとの児童相談所の考え方もあり、里親から付き合いを求めていくことを控えるのが今までの慣行である。身内に引き取られれば里親と連絡を取り合う必然性が薄くなったとしても仕方のないことであろう。里親の家を出ても何らかの居場所や話し相手が見つかっているのであれば、それでよいのである。

一方、高校卒業まで施設や里親宅にいるのは、引き取り手が現れないか、すぐに親族などと一緒に暮らすのが難しいと判断される子どもたちである。その場合は、大人も子どもも暗黙の裡に絆を大切にしなければと思うようになるのは自然の流れであろう。里親子の交流が長続きするケースの背景の一つに、親族との関係が整っていないという客観的な事情があるのではないだろうか。

また、今の里子の生活が順調にいっていると年賀状などのやりとりも可能となり、何かと出入りしやすいが、今の生活がうまくいっていないと連絡も途絶えがちになるのは人情である。

付き合いのなかで一度不義理をすると、その後の付き合いがしにくくなることは、誰もが経験するところである。里親子関係のさまざまな背景を抱えつつも、親と縁の薄い若者と縁あって生活を共にした者が、長期にわたる付き合いを無理なく続けるために、何らかの支援策ができないものであろうか。

3　結婚／家族状況

①結婚

この質問項目の設定に当たって、当事者の声が強く反映されたと記憶している。児童福祉では大人になってからの生活に思いを馳せる余裕はなく、法制上18歳で関係が切れるときに慌てるのが通例である。当事者がこのアンケートの作成に深く関与していたがゆえに、関心が強かったのだろう、結婚という項目や、家族構成の項目を設定したのは、この調査の特徴の一つである。実のところ、アンケートの検討の場で筆者は家族構成の質問まで思いを馳せることができなかった。これまでのこの種の調査では、貧困や就業の状況を聞く質問項目は多く目に付いたが、暮らし振りを具体的に聞く質問にはあまり出会わなかったからである。

里子で結婚しているという回答数は98名中20名であった。この約２割の比率は施設卒業者とほぼ同じで、特に里子が結婚に有利という事実は見いだせなかった（図４）。

国全体の傾向としては、厚労省白書（平成22年版）によると、男性30～34歳の未婚率は47・1％、女性25～29歳の未婚率は59・0％となっている。大枠でみると5割の人たちが結婚していない日本の現状と比較して、里子の8割が結婚していないことになる。施設出身者も同じ傾向にあった。日本の社会は晩婚化、非婚化の傾向が進んでいる一般的風潮もあり、短絡的に結論を求めるのは避けなければならないが、日本の同年齢層と比較して社会的養護を経験した人たちの結婚率はかなり低い結果となっており、大きなテーマにしなければならない。

しかし、伴侶を得ている事実が2割あったことにある種の安堵を感じている。施設や里子は家庭に恵まれなかったから、結婚も難しいのではないかと短絡的に考えてしまいがちである。私見を許してもらえれば、2割の人が結婚して子どももいる結果に接して実はほっとしている。これまでの調査をみても

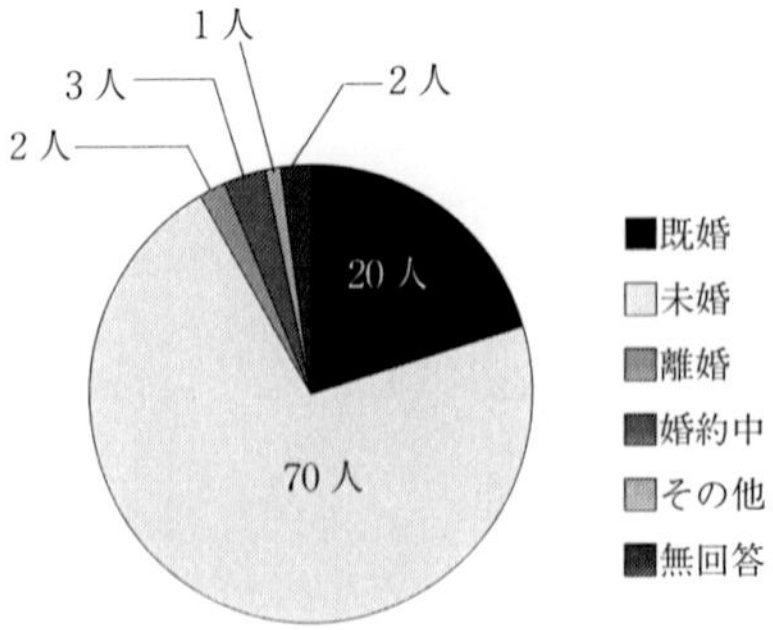

図4　結婚

社会的養護下で育った人は、孤立していて相談相手がなく、経済的に困っており、無縁社会の象徴の如き評価が流布されている。日本の家族形態が大きく変わってきているので、従来のパターンにこだわって結論らしきものを出すのは慎重にしなければならないが、一部にせよ家族を形成している生活に辿り着いている若者がいることは、今後の養育に当たって心に留めておきたい事実である。

②家族

家族事情について社会的養護下の子どもで高校まで措置されている背景を考えると、解除後はもっと孤立していて厳しい状況下での生活振りではないかと予測していた。回答者の半数に近い里子が、孤立した生活をしているのではなく、家族を含む何らかの人と交流可能な生活をしている。少なくとも孤立状態ではなく、会話の可能な人が身近にいる結果となっている（図5）。

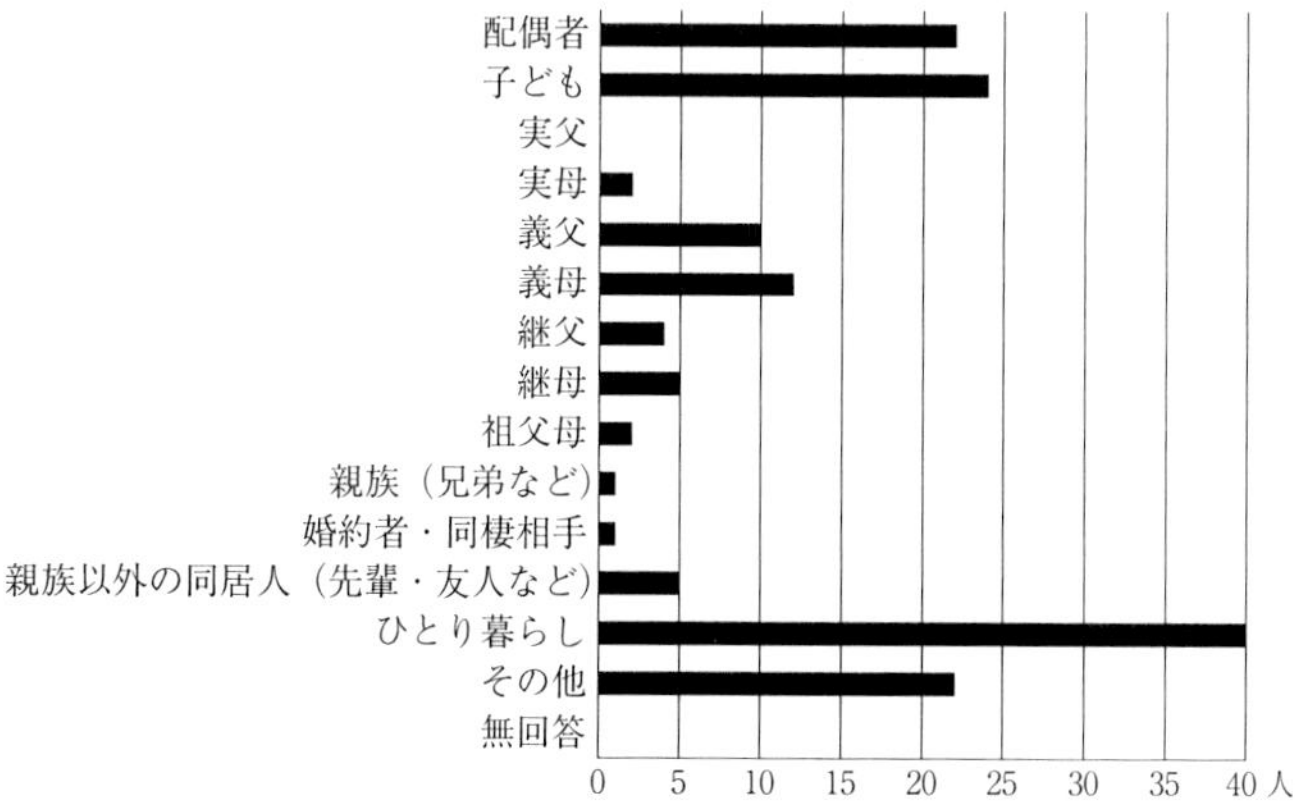

図５　家族

ここで半数と推測したのは、質問が複数回答方式なのでこの調査からは半数の数値は出ていないが、筆者の勝手な解釈によるものである。子どもは父母と一緒に暮らしているだろう、祖父母などは複数の組み合わせで暮らしている可能性があるだろう、その他の22人のなかには進学中で里親宅にいる場合や会社や学校の寮にいる場合もあるだろうなどと解釈した結果である。同じように整理し解釈してみると施設も同様な傾向になる。里子も施設も似た状況下にあることは興味ある結果である。

もともと社会的養護下にある人は、家族関係が弱いベースにあるので、家族との関係が復活したからと言って、決して盤石なものではないことは想像できる。過信することは慎まなければならないが、社会的養護イコール孤立という図式だけではないことを示しており、生活のなかで会話可能な環境にあるのが半数となっているのは一つの救いである。

しかし、残り半数は生活のなかに対話がない状況かもしれない。今回の調査では詳しく知る術を持たないが、この事実も見逃してはならない。日本全体をみても人間関係が希薄になっている現在、社会全体の枠組みのなかで無縁社会への対応を考えるべきであろう。もちろん、社会的養護下の若者に絞った対応をもっと深めなければならず、それぞれの立場からできる部分から取り組みを進めていかなければならない。住居を例にとれば、他人が一緒に暮らすシェアハウス、コレクティブハウスなどの手法が試みられており、その進展に期待したい。

4　就学、就労状況

今回の調査で最終学歴の回答をみると、里子と施設の違いが目に付く。大学などの教育機関への進学は、施設15％に対して里子は27％であり、残りの子どもが高校を最終学歴としている。この結果は5～15年前に措置解除になった人たちの学歴であることを考慮しても、当時としてもかなり低い進学率である。学費の関係で国公立でないと進学は難しいとされていた背景もあったようだ。本稿では10年前の資料を持ち合わせないので現状を示すことに留めておく（図6-1、図6-2）。

今後の施策を考える材料として、18歳後の進路について全国的な統計が公表されているので、参考のために示しておきたい。社会的養護の分野の進路状況は厚労省の詳しい調査結果が出ており、それによると2011（平成23）年3月現在施設からの進学率は

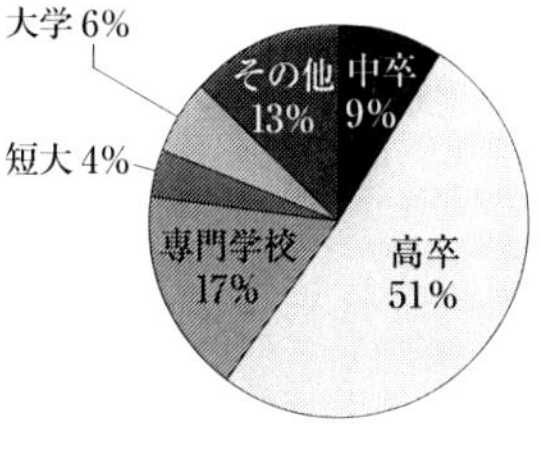

図6-1　最終学歴（里子）

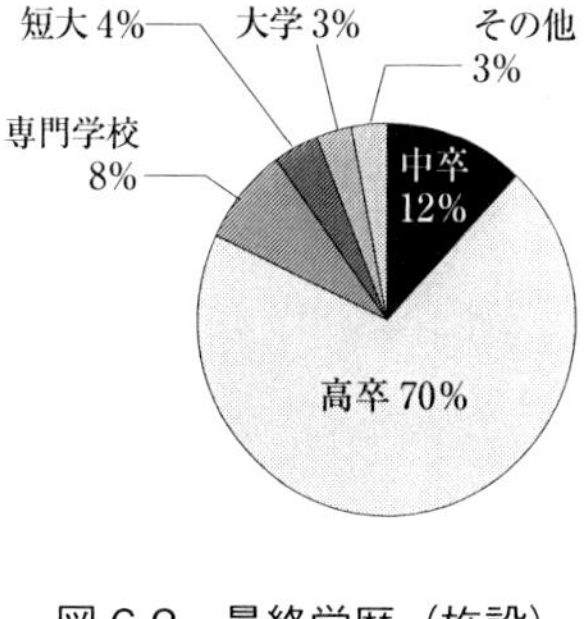

図6-2　最終学歴（施設）

23%、里子は40%となっている。いわゆる浪人とか進路を決められない若者など特別な事情の人を除いて、当然に残りは就職である（図7）。

日本の高校生の卒業後の進路について、文部科学省の教育基本統計にも詳しく公表されており、それによると2011（平成23）年度の大学などへの進学率は54・3%、就職率は15・6%となっている。高校生全体と社会的養護下の子どもの進学率の差、加えて里子と施設の進学率の格差は今後とも取り組まなければならない大きな課題である。

施設と里子の進学率の格差について考えてみると、里子が進学しやすい環境にあることが想像される。筆者の周囲を見ても、里子が解除後も里親宅に継続して暮らしている例が多いこと、里子1人くらいなら多少の援助は可能であることが見て取れる。事実里親のなかにはなんらかの私的援助をしている例が多い。このことは18歳以降の住むところの支援、学資の一部援助

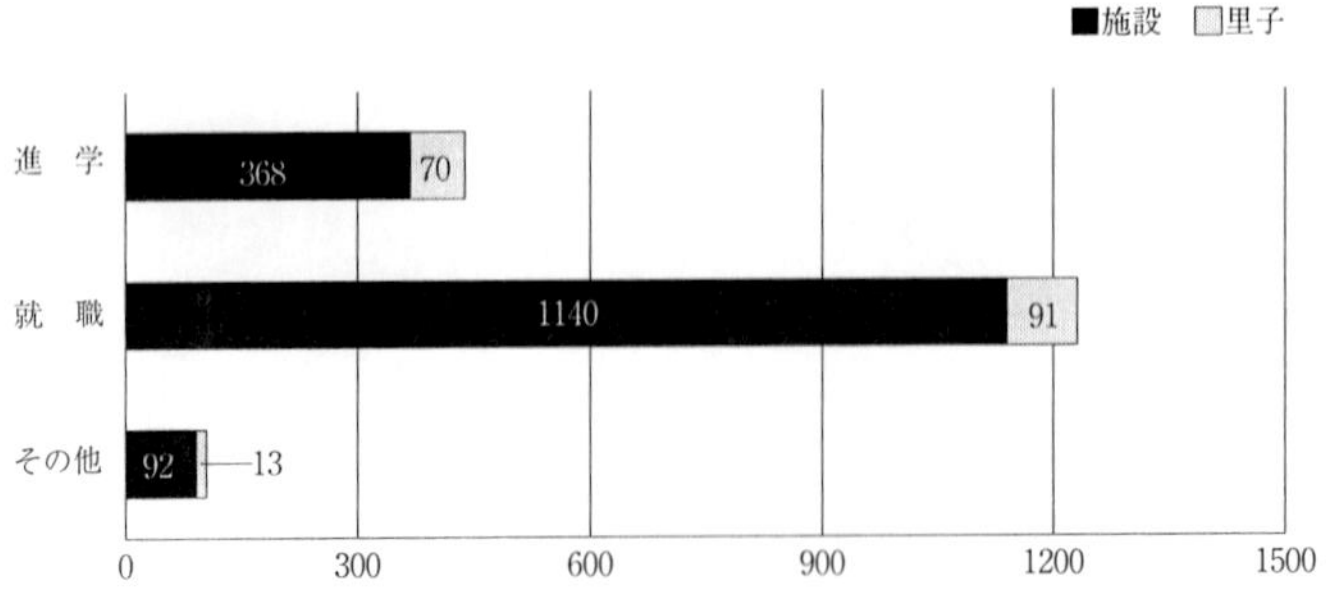

図7　施設・里子の高校卒業後の進路状況
厚労省　平成23年度調査より作成

を受けられる環境下にあれば、多くの若者の進学への途が開かれることを証明している。

また、施策を進める上で一つの方針が厚労省から出されていることに注目したい。２０１２（平成24）年３月の厚労省の通達では、20歳までの措置延長の提案をしており、さらに高卒後であっても再措置できることにも言及している。この通達は18歳以降の自立に向けての大きな鍵となるだろう。これまでにも厚労省の資料により進路状況を知る機会はあったが、今回の厚労省の報告は高校を卒業した後の措置延長の実態が公表されている（表）。これまで一般的に行われて知られている措置延長の中身は、18歳の誕生日から高校を卒業するまでの延長と、障害があり通勤寮などに入寮が決まるまでのものが主であった。今回の厚労省の報告では、大学などへの進学後も約１割の若者が措置延長されている。今後の動きに注目していきたい。

表　平成22年度末に高等学校を卒業した児童の平成23年５月における進学等の状況

高校３年生在学児童数 23年３月１日		措置延長した児童（23年５月１日）							
		進学					就職	実習等	小計
区分	合計	大学	短大	高専	専修校	訓練校			
施設	1,600	13	3	2	12	6	89	28	153
里子	174	4	2	1	6	2	7	5	27

卒業後解除した児童（23年５月１日）								
進学					就職	定職なし	不明	小計
大学	短大	高専	専修校	訓練校				
119	53	1	132	27	1,023	85	7	1,447
31	7	0	17	0	79	11	2	147

厚労省　平成23年度調査

第2節　日々の生活実感から自立を考える

自立と言っても内容は人によりさまざまで、自分で稼いで自分の意思で生活を築くという一般的な考え方から、支援を受けながら自分のできる範囲内で生きていくという生活スタイルまである。人生のあるときは支援付き自立の考え方に身を置く場合もあるだろうし、住む所だけは里親に頼りその他すべては自分の力で組み立てるやり方もあるだろう。

親元で一緒に生活をしながら仕事に就いている若者が増えている日本社会ではあるが、重い障害を持つ場合や病気になってしまった場合などを除いて、やはり1人で生きていけるような力と経験を積ませることを里親養育の青年期の目標として置くべきであろう。

経験的に言えることは、里子であることを大学卒業くらいの年齢までは、世間は同情の目をもって受け入れてくれるが、その後は普通の競争社会が待っており、個別の事情はあまり考慮してくれなくなる。世のなかは里子であろうとなかろうと「私は恵まれない子ども時代を過ごし……」などと口にしても関心を示さず、結果責任の社会のルールで判断してくる。人は誰でも競争社会に入るに当たって苦境をはじき飛ばせる強さとしなやかな考え方を身につけることが求められるところである。

1　里子であることを隠さない

自立を指向するときに、里子であることにマイナスのイメージを持ち続けると、自分が思い込んでいる幻想に負けてしまい、自分を貶めることになりやすい。そうならないためには、早い時期から自分の運命を正面から受け止め、アイデンティティが確立できる環境が必要である。同時に里親にも事実を正面から受け止めるという考え方を根付かせる必要がある。

里親の会報に掲載された里子の言葉が参考になる。「僕は小さい頃は、他の家族と違うことがとても恥ずかしいと思っていました。高校生になって、考えが変わりました。隠し続けるのではなく、堂々としていようと思うようになりました。すると意外にも、友達は里子かそうではないかは、大して気にせず関わってくれるのに驚きました。里子であることを気にしすぎないことが大事だと知りました。（中略）自分は回りよりすごいんだと考えるようになりました。両親がいないのもその経験は他の人よりも将来活かせるはずだと考えました（里親だより92号全国里親会　２０１２）」

この若者がこのような心境に辿り着いたときこそが、里子であることを越えたときである。そして、自立に向けてスタートが切れるときでもある。自立には知識や技能を身につけることと、自分をしっかり見つめられる姿勢を養うことが重要であり、それらが自立達成の両輪となる。自立とはこの両輪が相互に補完し合いつつ、最終的には自分の拠って立つ所を自覚することではないだろうか。社会的養護下で育った若者は人一倍悩み苦しむところであるが、アイデンティティの確立は重要で里親による養育の目標として欠かせないテーマである。

　里子の自己評価が低くなりやすいと言われる背景に、里子の側にその芽があると速断しがちだが、むしろ育てる側にその責任の一端があるように思われる。里親のなかには、真実告知をしないなどは論外として、里子であることを正面から話題とせず、緊張関係を避けて生活を続けようとする人もいる。この場合、里子が可愛そうだと説明する場面に出会うことも度々で、子どもが小さい時代は別として、里子を庇う姿に里親の弱さを感じるのは私だけだろうか。里親が里子に遠慮してしまう光景を里親養育のなかで多くの者が見ている。外部に里子であることをことさら晒す必要はないが、里子に自分の運命に正面から向き合う姿勢を養わせる勇気を里親には持ってほしい。若者の自立を促す時期にあっては、育てる側にも強さが求められることを忘れてはならない。

2　教科書通りにはいかない

高校3年生に机上で自立を説いても大きな効果は難しいようである。中学生位から自立に向けた手順を整えて準備を進めておく必要がある。筆者の属する里親会でも自立を目指してセミナーを実施したり斡旋したりするが、参加者が増えず効果もあまり期待できない現状にある。高校3年生になって慌てて該当者を集めて自立セミナーを開いても、効果の薄い結果に終わってしまう。里親が積極的にセミナー参加を勧めないのも一因なのだろうが、本人が参加する気にならないらしい。主な原因としては内容に魅力がなく、セミナー参加への動機付けが弱いことがあげられ、企画する側としては反省しきりである。思春期の若者を相手に参加を誘うような魅力ある企画というのは、簡単に組めるものではない。

自立を意識した企画として考えられるのは、社会へ出てから役立つ基礎的知識や技能の習得と、心構え養成の二つの分野に大別される。パソコン操作、料理教室、マナー講座、社会保険の仕組みや各種手続きなどの試みを間近に見てきた。使える即実践レベルの内容であれば訓練校レベルのカリキュラムと手法が必要で、里親が片手間にできるものではない。社会に通用する基礎知識の分野も学校教育でも取り組まれており、学校の取り組みを越える手立ては簡単につくれるものではない。

年齢の少し上の世代の先輩のアドバイスが有効と言われているので取り入れてみたが、講義形式では浸透し難く、誰が話すかでも効果に大きな開きが出てしまう。心構えの領域は心の琴線に触れる位置関係にならないと、相手の言葉は心に残らないからだろう。社員教育などに携わっている若手集団がセミナーをリードする場面を見ても、里子の苦労してきた心情や不利な環境下で育った人の気持ちを、順調に育ってきた若者集団には理解できない部分が残ってしまうようである。

里親として自立場面で寄与できるのは、生活を通じて人としての生き方を、身をもって示すしか方法はないのかもしれない。社会常識も必要に迫られないと身につかないと言われているので、失敗することを含めて生活の中で繰り返し体験させることが求められるであろう。里子がひとり暮らしを経験して急に大人っぽくなり、里親子の生活場面では考えられなかった逞しさも備わってくる場合が多い。生活をどのように経験させるか、そこに自立のヒントが隠されているようである。

3　進学の奨励を考える

大学などへの進学率が急速に伸びた結果、社会的養護に携わる者としてどう対処するか問われている。高度経済成長期頃から高校への進学が増え、施設でも進学か就職かというテーマが話題になった時期があった。結果として今は高校への進学率が95％を超える教育環境となり、当時の進学論争に結果が出ているところである。現在の大学進学を巡り交わされるやり取りが、以前の高校進学を巡ってのやり取りと同じ道を辿るのか。大学などの高等教育機関が受け入れに積極的になっている以上、現実の問題として社会的養護に関与する者として、水を差すことはできないだろう。残る課題は子どもの学力や志の問題よりも、生活費を含めた学資の確保がテーマとして浮上せざるを得ない。

今回のふたばふらっとホームの実態調査を通じて、施設と里子の進学率を比較してみるとその差は歴然としており、事例を拾っていく限り、進学を可能とする鍵は住む所の確保にあるようで、そのことは多くの識者の指摘するところである。進学の課題を住居費から検証することも必要になってくると思われる。

今の日本全体に言えることとして、無目的に上級学校に進学する場合が見受けられ、入学できればどこでもいいとする人や、入学こそ人生の最終目標と考えている人もいる。上級学校に行くことを自分探しの猶予期間ととらえる考え方もあり、現在は進学の目的が変化しつつあるのかもしれない。この変化の行き着くところは大学の義務教育化であり、全員入学の方向に行きそうな雲行きである。

しかし、ペーパーに強い力と人生をたくましく生きて行く力とはイコールにならないことも事実で、過度な進学奨励については弊害も見受けられる。一方で世のなかには勉強に見切りをつける子どももいるので、進学する者は優秀で上級学校に行かないものは劣等生だという烙印を押さないような配慮も求められる。大学は社会に出るときに有利だから進学を勧めるという発想は、裏返せば進学しないものは不利な状況に置かれるという宣告に等しい。自分ときちんと向き合える姿勢を身につけさせることこそが養育の原点であり、進学を達成させることが養育の目標であるとすることには疑問が残る。進学することをパラダイスの如くに吹聴するのは慎みたいものである。

学力を尊重するあまり弊害も報告されている。里親子のなかには少しばかり学力のあることを理由に、他の里子との交流を嫌う場面も見かける。自分はあの人たちと違うんだと思いたい意識は、意外に根強くはびこっており厄介な問題となっている。私たちは、学力を柱として幻想の上に生活を組み立てても崩れることが多いことを知り、社会的養護下の若者が差別を受けるもっと深い構造に思いを馳せるべきであろう。

4　後ろ盾のない自立

親のいる家庭から離れて大学などで勉強するために、下宿などでひとり生活をする若者は昔から少なくはない。しかし、親が居て18歳でひとり生活を始める心情と、後ろ盾のないままひとり生活に入っていく心情とでは、相当な違いがある事実に着目していきたい。何かあったときに戻れるところのあるひとり生活と、戻るところのないひとり生活とでは雲泥の差がある。戻れるところ、逃げ込むところの有無が、船出した若者にとって決定的な格差を生むことを社会はもっと知らなければならない。

さて、里親が帰るところとなり得るのかどうかは、里親に向けられた重たい課題である。措置解除後しばらくの間、普通は誰でも持ちたいと思っている心の拠り処に里親がなれるのかどうか、自信を持って答えられる里親は少ないだろう。選ぶのは里子であり、相談相手はフィアンセや友人、就職先の誰かであったり、ケースワーカーや施設の先生かもしれない。ちょっとした立ち寄り先に里親がなれるのか、これまでの里親子の生活の真価が問われることになる。それには心構えだけではなく、事故などに対する保証制度など何らかの公的支援が伴うと長い付き合いがしやすくなるのではないだろうか。障害を持つ場合の自立支援はその典型例である。障害関係の手帳を持っている場合は市町村の施策に辿り着けるので、何もない社会に投げ出されるということはなく、障害関係の学校の先生ともコンタクトを取れるルートができている場合が多く、措置解除に当たって孤立する心配は少ない。

一方、手帳に該当しない場合や発達障害の巣立ちには厳しいものがある。就職や進学ができても継続が難しく、相談する先が無くなってしまう例が多い。このような若者の層に対する施策は未整備で、常に話題になっている割に社会資源の整備は遅々として進んでいない。全国児童相談所長会の調査によると、里子の25％に何らかの障害があるか、その傾向にあるとの報告がなされている。広義の障害への対応の取り組みが進むことを期待したい。

5　支援の担い手は何処に？

先に述べたように、現在の厚労省の方針として18歳から20歳までの措置延長が一つのテーマとして提起されている。本格的に実施に移されれば、救われる若者は相当数に達するだろう。極端な表現を借りれば、措置延長の手法は児童福祉法の対象児を20歳に引き上げたことと同義になる。措置解除後の生活支援は今のところ所管する窓口すらなく無策状態が続いており、措置延長の手法はその解決の一つの道筋かもしれない。

一方、徒に措置延長すればよいというものではないとの見方もある。児童福祉法がこれまで培ってきた子どもへの手法で、本当に若者の将来を組み立てられるのかという疑問である。18歳を越えている若者の場合、措置が継続されても生活の術は子どもと同列ではありえない。住む場所から生活の約束事まですべてにわたって変えなければならないだろう。18歳の若者が里親や施設に留まるのでは、新しい子どもの利用ができなくなるし、現に生活している施設や里子への影響も出てくる心配も考えられる。たとえば子どもの時期にはルーズな生活パターンなど許されないことであるが、青年期では当たり前のこととなる。この時期は夜通しの語らいや少々悪いことも経験するなど、青年期でなければできない貴重な体験を積む時でもある。18歳以降を視野に入れるとすれば、場合によっては援助を断ち切る手法が自立への最良の手段になることもあり、関与する者は青年期独特の世界があることを知らなければならない。

児童福祉では社会の責任という考えが背景にあるため、さまざまな場面でどうしても大人が生活を先回りして準備してしまう。大人が準備したレールに乗った形で生活を組み立てる習慣が身についていると、子どもは自分で考える習慣が持てなくなる。子どもの年齢が低ければ大人の関与は当然のことであるが、18歳を迎えて本人が自ら行動して判断することを求めていくことは大切なことである。

自分の進路を決められないで時間が過ぎて行くと、周囲の大人も我慢しきれず先回りして答えを出してしまう例が少なくない。施設、里親、一般家庭を問わず若者を取り巻く環境で、大人の過干渉の傾向は予想以上に染み込んでいる。先回りして答えを準備してしまうことを続けることは、自立意識を学ぶ機会を先延ばしするだけである。自分で考える習慣は小さい時から任せられる経験を積み、失敗も年齢相応に経験していなければ備わるものではない。急に自立とか自分で行動するとか言われてもできないのが当たり前であろう。突き詰めて考えれば、自立の芽を育てるのは大人の側にあると言える。

責任云々はさて置き、巣立ちに当たって多くの若者は悩みながら自分流のやり方で乗り越えていくのであるが、どうしても取り残される者も出てしまう。自立の機会に乗り遅れてしまった若者への支援は、児童期の手法に加えて、一味違う手法で臨む必要もあるだろう。18歳以降の対応は、施設や里子に限らず、自立の機会を得られないすべての若者を視野に入れた枠組みのなかで、抜本的な施策の展開が求められるところである。

おわりに

24歳の元里子が我が家に立ち寄った。「もう帰るのか」との問いに、「これから彼女と臨海公園に泳ぎに行くから」と2人でいそいそと出て行った。後姿を見ながら、これでいいんだと自分に言い聞かせる。冒頭述べた里子の4年後の姿である。フィアンセを得る者、1人の生活に慣れていく者、仕事に目標を見出す者など、歳月は人を強く大きく変えていく。

また、虐待を受けた子どもが高校を卒業するとき、実親に見切りをつけ自分の道を選ぶ姿にも出会う。実親の実像を受け入れ自分の道を選んだときこそ、子どもは親から受けた不運な関わりから救われる瞬間でもある。巣立ちの日は、親への決別を含めそこには一種のすがすがしさも感じられ、虐待を受けた子どもにとってはその桎梏《しっこく》から解き放たれるときとも言える。

自立には物心両面から多くの支援が望まれる。物の領域では住む所の確保や生活費の確保について、今の社会は何も用意していない。大人になる過程は個人の責任で対応するものとの通念があるからであろう。心の領域では若者に大人になる手立てを示すことであるが、今の社会は若者を大人に切り替える術を伝授する自信を失っている。里親にあっても子どもを巣立たせるにあたって、成す術が無いまま措置解除の時期を迎えてしまうのを目にすることもある。

逆説的見方ではあるが、誰も助けてくれないと自覚したときが自立への一歩と言えなくもない。自分にとって恵まれなかった時期があった事実やそこを原因とする生き難さを認めた上で、若者にはこれまでのしがらみを吹っ切ってたくましく生き抜いてほしい。他者に求め、哀れさを訴えるだけでは、何も得るものはないからである。

そう言えば、筆者の周りにいる卒業生は誰に教わることもなく、そこそこに大人っぽくなりたくましく生きている若者ばかりである。悲観する必要はまったくない。

【参考資料】

「社会的養護施設等および里親出身者実態調査報告書」ＮＰＯ法人ふらっとホーム　２０１２年5月
「東京都における社会的養護施設等退所者へのアンケート調査報告書」東京都福祉保健局　２０１１年8月
「児童福祉施設退所者支援のための実態調査報告書概要」大阪市こども青少年局こども家庭課、２０１２年3月
「社会的養護の現状について」（参考資料）　厚生労働省　２０１２年4月
「児童相談所における里親委託及び遺棄児童に関する調査」全国児童相談所長会　２０１１年7月

第2部　当事者が語る自立の課題

第1章 自立を考える

草間吉夫

はじめに

本稿を書くに当たり、紹介も兼ねて筆者のプロフィールを記述したい。筆者は１９６６年に茨城県つくば市に生まれた。家庭の事情により生後３日目で水戸市内の「日本赤十字乳児院」へ預けられた。そして満２歳時、高萩市内にある児童養護施設「臨海学園」へ措置変更され高校卒業まで育った。卒業後は東北福祉大学へ進学を果たす。その後、民間企業へ就職するものの挫折を経験する。

翌年から東京と茨城県の児童福祉施設に5年間勤務を経て、松下政経塾へ入塾する。在塾中は、「要保護児童支援」「自立支援」「福祉サービスモデル」を主テーマに国内外で研究研修を重ねる。卒塾後、民間企業を経た後に母校の東北福祉大学へ奉職。在職中に東北福祉大学大学院を修了し特任講師に着任。２００６年3月からは故郷へ戻り高萩市長に就任し、現在２期目を迎えている。

主な役職は次の通りである。厚生労働省「児童福祉施設等評価基準検討委員会」「『児童福祉施設における子どもの権利擁護の手引き』執筆編集委員会」「事業仕分け」、茨城県「児童相談所あり方検討委員会」などの委員歴任。日本子ども家庭総合研究所嘱託研究員、茨城大学、駒沢大学などの講師歴任。現在、東北福祉大学特任講師。これまで訪れた国は40カ国にのぼる。家族構成は、義母・妻・長女・次女・長男の６人家族。

プロフィールで触れたように、筆者にはいろいろな顔がある。施設当事者の顔・施設職員の顔・研究者の顔・親の顔・市長の顔などである。本稿では、二つの切り口から論述していきたい。一つは、筆者が9年前に執筆した修士論文をベースに自立及び児童の自立についての概略を述べたい。

もう一つは、筆者がこれまで人生経験から感じ得たことを基底に、自立のあるべき姿について述べていきたい。

第1節　自立

自立。財政の自立。外交の自立。生活の自立、といったようにさまざまな側面から自立は、用いられている。自立の意味を広辞苑に求めると、「他の援助や支配を受けず自分の力で身を立てること」と解説されている。本章では、社会福祉における自立そのものの定義と児童養護における自立の定義、この2側面について粗論を記述してみたい。

1　自立の定義

21世紀を間近に控えた１９９０年代後半、社会福祉制度全般のあり方が議論された。その中核を担ったのが、社会福祉基礎構造改革である。審議会では活発な議論が展開された。そこで示されたキーコンセプトの一つは、自立であった。この自立という考え方は、後年、社会福祉法を始め介護保険法や改正児童福祉法などの法律制定に反映された。

自立が法律に反映されてから10数年を経過した今日において、自立という言葉や意味はわが国に成熟してきたのだろうか。筆者の認識は否定的である。社会福祉界にはある程度浸透してきたものの、社会一般にはまだまだ定着を見ていないように筆者には映る。

一例をあげたい。筆者が首長をしている茨城県高萩市の事例である。在任2期目の3年目となるが、市役所や議会、市民レベルにおいて、あるいは筆者が会長を勤める社会福祉協議会の定例会のなかで自立という言葉は、ほとんどと言っていい程聞かれない。用語だけならまだしも、議論すら皆無に等しいのが実情である。

障害者自立生活問題研究所所長の谷口明広（１９８９）は、[1]「日本語で表される『自立』とは、欧米各国で使用されている言葉に比べても、概念規定が困難である」と指摘している。

高橋重宏（１９９８）も[2]「『自立とは何か』という命題に対し、必ずしも十分な検討が行われているとは言いがたい」と述べている。わが国では、概念規定の困難さが、定着や浸透を阻ませる要因となっている面があるのかもしれない。

一方、アメリカは違う。１９７８年にアメリカ自立生活調査研究所は、[3]「自立とは、日常生活における自己選択、自己決定、自己管理、そして自己実現の行為と過程をいう」と明確に自立の定義を示しているからである。

筆者はどう考えるのか。アメリカ自立生活研究所の提示に近い点もあるが、次のような定義を試みたい。[4]「自立とは自己実現するための諸能力を高める行為と過程をいう」。自立は自立そのものが目的ではなく、あくまでも自己実現するための手段の行為とその過程ととらえている。

2　児童養護における自立の定義

この項では児童養護の自立を述べてみたい。

児童養護の自立でみると、さまざまな研究者等が精力的な定義を試みてきた。大嶋恭二は先駆的な概念（要素）提示を行った代表的な研究者である。大嶋は、[5]「就労自立を中心に、（中略）日常生活の自立、精神の自立があってはじめて全体的として、社会的自立が構成される」と述べている。

明確に定義を試みた研究者もいる。村井美紀である。村井（２００２）は、[6]「『自立』するとは、『自分でやろうとする意欲＝主体性』を持つこと」と定義している。

筆者は次のように定義を試みたい。[7]「児童の自立とは、精神的な自立・経済的な自立・日常的な自立を確立しながら、社会的自立を高め自己実現する過程と状態をいう」。前項において、筆者の自立の定義を述べたことと重複する面があるが、自立は養護児童にとって最終目標ではなく、あくまでも自己実現を達成していくために欠かせない手段ということである。自立を目的ではなく手段の連続的な営みであるととらえている。

第2節　自立のための12の視点

筆者は、生後3日目から高校卒業まで児童福祉施設（乳児院→児童養護施設）で暮らした経験を持つ。退所してから約30年の社会生活を経験した。第2節では、今日まで経験してきたことを基底にした自立のあるべき姿、換言すれば、なりたい自分＝自分らしく生きる＝自己実現を達成するために必要となる、何々することができる12の事項を提示してみたい。

本節は、極めて筆者の個人的で特殊な経験と一種独特な見解に基づく持論を展開する。そのため、施設児童に対する援助指針や入所児童のモデルとは成り得ない点が多々あることが大いに想定される。予めこのことを断っておきたい。ご寛容願えれば幸いである。

1　信頼することができる

筆者は、信頼することの意味の大切さに気づくまでに多くの時間を要した。物心つく前から施設入所してきたからなのだろうか。それとも家族との関わりが著しく欠落していたからなのだろうか。その要因は未だに判然としない。だが筆者はそのことをまったく悲観も卑下もしてない。信頼することができたからである。その意味することも理解できたからである。

高校に入ってからチャンスが巡って来た。友人関係で悩み、どう接すればと思案に暮れていた高2のとき、相談に乗ってもらったことがきっかけとなった。その人は施設の創設者で、遠藤光静園長という方であった。僧侶でもあった園長は令夫人（副園長）と共に、私の胸の内に秘めた思いを最後まで遮らずに、ずっと聞いてくれた。そして実体験を交えてアドバイスまでしてくれた。

この出来事以来、何かにつけては園長宅へ単身で乗り込み、思いをぶつけたり、考えを伺ったりして信頼関係を育んでいった。もっと厳密に言えば、師弟関係を築いていった。それは園長が鬼籍に入るまで続いた。大学進学・大学院進学・養護施設職員・海外研修・松下政経塾・政治・世界。これは私が歩んできた道程を示している。すべてのプロセスに園長の影響や示唆があったのは、言うまでもない。感化されたという表現がぴったりとくる感覚である。尊敬する人に出会えたことで、筆者の人生は大きく変わった。そう確信している。

現在の入所児童の多くが何らかの虐待を受け、何かしらの課題を抱えていることを筆者もよく承知している。施設現場からは、信頼関係以前の対応に日夜忙殺されているとも聞き及んでいる。つまり、入所児童と信頼関係を築くのは、はるか遠い地点を目指すようなものであることも理解している。確かにそうであろうと筆者も同感する。

しかし、いつの時代でも信頼できることの大切さは普遍であり不変であろう。心傷ついた入所児童が、心の回復を通して信頼を寄せられるような心的態度を示す他者を見出してあげることは、大変重要な援助となろう。自立のための根本援助と言っても過言ではない。そのためには、科学的な援助展開が求められよう。精神科医・臨床心理士・心理判定員・児童福祉司・学校といった児童を取り巻くステークホルダーとのチームアプローチは、欠かせない。信頼することができる児童を1人でも多くつくってほしい。

2　自己受容することができる

筆者は自分のことを長く好きになれなかった。ありのままの自分をそのまま受け止める自己受容ができなかったのである。成人を迎える頃までその状態が続いたような気がする。理由はよく分からない。だが思い当たる節がある。

コンプレックスである。いくつも持っていた。どうもそれは二つに分けられる。一つは、自分自身に対してである。背が低い・足が短い・目が一重・歯並びが悪い・顔が不細工などである。アイドル系の容姿ならば、さぞ違った人生が展開されていただろうと幾度も思ったものである。

もう一つは、境遇に対してである。この境遇には二つの側面があった。一つは自分自身に向けられた境遇である。両親がいない・兄弟がいない・面会に来てくれる家族が現れない・帰省できない、などである。もう一つの側面は、施設生活全般に対しての境遇である。個室を持てない・外出は許可制・弁当は皆同じメニュー・施設行事・自分専用の自転車がない・電話をかけると境遇がバレてしまうなどである。布団を被って、ひとり枕を濡らしたことや唇を強く噛んだあの忌まわしい記憶は簡単に拭い去れないでいる。

　この例からも分かるように筆者は、見かけに寄らず人一倍強いコンプレックスを持って生きてきた。しかしこの厄介だったコンプレックスと上手に付き合えるようになってきたのは、定かではないが19歳以降であったように思う。施設を退所してからということだけは、はっきりと断定できる。

　きっかけは二つの要因があったように思う。一つは、前項で触れた園長の存在である。

自分に自信が持てなくてコンプレックスの塊であった筆者を、園長はいつも温かく迎え入れてくれた。そればかりでなく園長の感化力で、筆者自身の進むべき方向も指し示してくれた。この信頼関係によって、自分を受け入れてもらえている実感を持てるようになった。その実感が増すにつれて、「こんな自分でもいいのだ」と思えるようになったのは確かだ。つまり、信頼関係の深さが筆者の自己受容力を促進してくれたように思える。

　もう一つの要因は、自己発見である。ひとり暮らしを始め、生まれて初めて個室という空間を専有した。そこで、今まで気づいていなかった自分を発見したことも大きいと感じている。音楽を聴いて感動する自分を初めて知った。尊敬する人と出会え、何とも言えない心温かくなる自分がいることも知った、など違った自分の一面を知る機会ができた。自己発見である。この機会を持てたことは、意味あることと思える。知らない自分の内的世界と対面できたからである。自己受容の促進は、自尊心を育んでいったようにも感じる。

コンプレックスに悩まされていた時代が、ウソのようである。今では、今の自分をありのまま受け止められるからである。自分をかけがえのない尊い命・存在であると思える瞬間も時々ある。この性格でよかったと感じるときもある。

自分を受け止められる。自己受容できることは大切だと筆者は思う。心に何かしらの傷を持った入所児童が、自己受容することは難しい。筆者も受容できなかった時期があったから同感する面もある。が、しかしである。

１人でも多く自己受容することができてほしい。

3　愛することができる

愛することができないことは不幸である。人間には愛が欠かせないからだ。いつこのような感覚を憶えたのは定かではない。実感したときの情景もはっきりと浮かんでこない。果たしていつ頃なのだろうか。だが時期を特定できないことに大した意味はない。今ははっきりと愛が大切と言えるからである。

筆者は親からの愛情をまったく受けていない。しかし現在では無償の愛を注ぐ相手を持つことができた。有難いことだと思っている。それは伴侶であり、目に入れても痛くない血を分けた子どもたちである。筆者の経験では伴侶を得たことが、愛の大切さを実感するターニングポイントとなったと思われる。

入所児童は愛されて育っていない。もしくは適切な愛情を受けられなくて入所してきた児童がほとんどであろう。彼らにとってもこれは誠に不幸な境遇である。このような児童に対してどう接すればいいのだろうか。

答えは簡単である。愛情を注ぐことに尽きる。前述の園長令夫人はかつてこんな話を言って聞かせてくれたことがある。「愛情が薄くて、心が荒み凍りついた感情を持つ子どもほど、暖かい愛情を注ぎ続けて、その心を少しずつ氷解させていくことが大切だと思うよ」。継続していくことはなかなか難しいことであるが、辛抱強く粘り強く愛情を注ぎ続けることが、今の子どもたちには必要となろう。単純養護児であった筆者よりも、被虐待児ほど必要となるはずだ。留意点がある。正しい愛情の注ぎ方である。相手は心に傷を負い課題を抱えた児童だからである。心理学的・医学的な所見、すなわち専門的知見とエビデンスに基づいた援助方針を策定し、関わりを持つことが求められる。

愛することの大切さを感じることなく退所する児童は、おそらく多く存在するだろう。心の回復と人間関係の高質な密度が関わってくるからだ。現下の措置費制度では、援助環境を担保できない。これは施設の問題というよりも、むしろ制度の問題でもある。制度充実は課題として残る。その一方で、希望的楽観論で言えば、筆者のように伴侶やパートナー、恋人との関係性で愛することができる機会、チャンスが退所後にはある。

1人でも多くの児童が、自分が自分であるためにも、愛することができてほしい。

4　感謝することができる

筆者は施設生活時代、不満を口に出すことによって精神のバランスを取っていた時期があった。飯が不味い、みそ汁がしょっぱい、洗濯物の汚れが落ちていない、プレゼントにケチつける、嫌味を言う……などなど。それが中学以降に見られ、年々エスカレートしていったことを思い出す。職員が自分にしてくれた行為に心を向けられず、表層的な面に気持ちが行き、何かと悪態ついた経験である。不平や不満を露わすことで、心の平衡感覚を取っていたあの高齢児時代である。

それがあるときピタリと止んだ。ひとり暮らしを始めてからのことである。食事・洗濯・買い物・その他を自分自身で何でもやるようになって、施設職員が生活全般にわたり筆者のことを世話し続けてくれたことを身をもって教えられた。19歳まで気づかなかったのが恥ずかしい。

それからは人の行為を受け止められるようになった。もっと正確に表現すれば、人の行為の背景を分かるようになった。行為を支える思いも少しずつ感じるようにもなった。感謝という言葉と意味することを実質的に、しかも実体験として知ったのは自活してからだ。この例は一つに過ぎない。園長に対する信頼を超え尊敬の念を強くしたのも、退所した後からだったことを思い出す。

筆者が生まれて初めて感謝できる人を得た喜びを感じたエピソードを一つあげてみたい。それは筆者が24歳のときの話である。77歳となり喜寿を迎えた園長に、恩返しにと銀座三越で贈り物を求めたあのときの感情である。筆者は会計しているとき、ふっと「感謝できる人を私は持つことができて本当に有難い。こういうご縁を持てて本当に幸せ」と思った。心が温かくなり涙腺が緩んだのを、今でもはっきりと思い出す。

このように、筆者はなかなか感謝する気持ちを抱けなかった経験がある。入所中はなおさらであった。だが今は違う。ひとり暮らしをしてみて、園長を通して、感謝する気持ちを持つことができた。その思いは多くの周りの方にも向けられるようになった。

入所児童はハンディがある分だけ、人の理解や支援が必要となる。形式的・儀礼的な感謝ではなく、他者の行為と背景や思いを心から感じられる本物の感謝をすることができる人になってほしい。

5　人と関わることができる

１人でも多くの人へ感謝することができてほしい。

大学1年の正月、施設へ一時帰省した折に主任児童指導員から言われたことが、脳裏に鮮明に残っている。「おまえは、いい友達と付き合っているな。みんな感じがいい子ばかりだな」。思ってもみなかったことなので少々驚いたが、そのときは素直に嬉しかった。

思い返すと、友人知人を始め、育ての親、施設職員、里親といった人に筆者は非常に恵まれてきた。筆者は職業柄、人脈の裾野は広い。交友関係も外国まで広がる。自己分析すれば、筆者自身の性格も関係していると思われる。性格が明るく、オープンマインドだからだろう。いずれにしても、人の輪が大きいことは有難く、とても幸せなことであると思っている。

話を本題に戻す。人と関わることができることは大切である。入所児童はハンディがあるからである。当てにしたい家族や親族が傍にいないからである。支援を求めたいときに、肝心の支援者が担保されていないことを意味するからである。退所後に、この現実を直視するのは、入所児童にとっては厳しい。児童養護の現実を見せつけられ非常にシビアである。それを少しでも緩和する、最小化するための取り組みは論を待たない。

関わることとは、コミュニケーションと同義語と言える。ハンディを持つ入所児童には、できるだけ多くの人と関わりを持ってほしいと願っている。ハンディを最小化させられるからである。筆者が正反対のことを言っているのは承知している。施設現場から、被虐待児はそれどころではないと強いお叱りの言葉が筆者の耳元に聞こえてきそうだ。

だが、である。自分からアプローチするにせよ、相手からアプローチされるにせよ、人と人が交わらなければ、コミュニケーションスキルが身につかないのは古今東西、古来より自明の理である。大袈裟に言えば、交わる質と量の最大化をいかに機会提供できるかどうかに、入所児童の将来における人間関係（交友関係）の幅が規定されてしまう。

では、どうやってやるのか。現実論に落とし込むと、かなり難しいのは百も承知している。一つは、繰り返しとなるが、心理学的・医学的な所見、すなわち専門的知見とエビデンスに基づいた援助方針を策定し、関わりを持つことが求められる。多職種によるチームアプローチの実践が肝要である。

もう一つは、普段とは異なる人間との関わりを多く創ることである。実習生、ボランティア、支援者、地域住民、招待行事、外出などである。

人間は１人では生き抜くことはできない。他者を必要とする。人間が社会的動物と言われる所以である。

１人でも多くの方と関わりができてほしい。

6　やりくりができる

筆者が未だに困っていることがある。それはお金のやりくりができないことである。この項は入所児童（後輩）たちには、そうなってほしくないという強い思いを込めながら、自戒して述べたい。

筆者はお金があると、すぐに使ってしまう悪癖を持っている。つまり、やりくりができないのである。例をあげる。たとえば、講演で呼ばれて謝礼を受け取ると、帰りには贔屓にしている百貨店に立ち寄ってしまう。そして好みの商品をちゃっかり購入してしまう悪い習慣である。未だに完治していない。始末に負えない状態が続いている。筆者には自覚症状はあるものの、悪習と理性の冷戦が終結しない。なぜなのだろうか。要因は定かではない。明言できることは、経済観念がまったく身についていないということである。

なぜ獲得できなかったのか。学習経験の乏しさがあったことが考えられよう。さらには、わが国で最長記録となる18年9カ月にわたる筆者の施設生活で、世間感覚や家庭における金銭感覚を体感する機会が得られなかった点も考えられる。ホスピタリズム論である。いずれにしても、ここで言えることは、経済観念が著しく希薄で実践力も貧弱だということである。

このような入所児童は現在でも存在するのだろうか。多い少ないといった正確な数は筆者には分からない。しかしまったく該当者なしとは、すべての児童養護施設では胸を張って断言できないだろう。筆者の施設の後輩や担当児には、何人もそれらしき人物を見つけ出せるからである。穏やかな話ではない。何らかの手立てを打つ必要がある。

それはあるのか。いくらでもある。筆者は取り組んでみたいことがある。それは収入を得る機会を創る事業である。具体的には、ジャガイモ・サツマイモ・ミニトマト・シソ・ネギといった野菜などを簡易に栽培できる家庭型菜園事業である。収穫物はバザーなどで販売して収入を得る。この事業プロセスに入所児童を関わらせ、参画度に応じて収入をバックする取り組みである。

あるいは入所児童に対して、東京都江東区で営業している「キッザニア東京」で提供されている各種プログラムを体験させる取り組みは、経済観念を養える場としてとても有益であろう。一考の価値はある。

経済学では、所得とは労働の対価であると定義する。毎月の小遣いではなく、労働の対価を得る所得体験を施設生活で可能な限り多く積むことが、経済観念の涵養に資するはずである。労働の対価を得る機会を１回でも多く体験してほしい。

7　振る舞いができる

ちょっとした振る舞いで恥をかいた経験はだれしもあるだろう。筆者も例に漏れず随分と恥をかいてきたものである。しかも現在進行形だから笑えない。施設を出て感じたことを述べてみたい。

人から何かしてもらったときには、間を置かずにお礼を述べられるかどうかである。簡単なようで、意外とできないものである。お礼をサッと言うこと、これは園長令夫人から教わったことである。令夫人は、それを自然とできる方だった。その後ろ姿を見ている職員も同じような振る舞いをされている。この光景を見て筆者は育った。そのことが、今の仕事で生かせているのは有難い。

お礼の手紙や返信をすぐ認めることの大切さは、松下政経塾時代に新井正明理事長とイエローハット創業者の鍵山秀三郎相談役、日本経営システムの浅野喜起相談役から教わった。海外から研修報告や政経塾リポートを送ると、公務多忙にもかかわらず、毎回必ず感想や所見を添えて返信が届いたものだ。とにかくレスポンスが早い。

これはなかなか真似できない。だが筆者の施設生活時代に、里親宅へ泊まった後や招待行事の後にお礼状を書いた経験は生きている。手紙書きの苦手意識はこれで払拭された。現在の執務に活かされている。

筆者は仕事柄、多分野多職種の方にお会いする機会が多い。一種の職業病となっている。そのなかにも、印象に残る人が必ずいるものである。共通しているのは、好感が持てる人である。明るい・挨拶がハキハキしている・清潔感がある・爽やかである・笑顔が素敵・マナーがきちんとしている、などに共通した特徴を持っているように感じる。ビジネス書で扱われる好感度アップの秘訣とも共通しているのは、どうやらウソではなさそうだ。

以上、振る舞いについて例をあげた。多くの人と良好な関係を維持させていくには、秘訣があるように感じる。謝意を表す・レスポンスが早い・明るい・挨拶・清潔感・爽やか・笑顔・マナーなどすべてを完璧にこなすことは不可能だ。しかし、振る舞いを意識すること、できるところから実践していくことは、肝要であると実体験から感じる。

振る舞いを良くする習慣を一つでも多くもってほしい。

8　プラス思考ができる

筆者の性格について、妻と見方が完全に分かれる点がある。本項はその一つに位置する。筆者はかつてマイナス思考が強かった時期があったことを何度主張しても、どうしても信じてもらえない。残念でならない。

筆者には確信的な根拠があった。実の母がうつ病を長く患っていたからだ。医学博士号を持つゼミ担教授からは、「遺伝するよ」とも指摘された。だから、筆者は母の気質を受け継いでいる思いを心のどこかに抱いていたところ、その不安感を見事に教授に的中され大きく動揺したことは、昨日のように思い出させる。

「草間君のそういう心情を私にはよく分かるよ。そういう点を私は好きだよ」。人にはなかなか理解されなかった筆者の内的性向を園長が最も摑んでくれたのは、心の支えとなった。今の自分のままで問題ないのだと思えたからだ。このひと言は、自己受容を促進させてくれたように思う。

いつから自分がプラス思考を持っている人間だと自覚したのかは定かではない。施設生活時代に筆者を担当した多くの職員によれば、「ヨッチンは小さい頃から明るかった子だったよ」と口を揃えるから、本当のところは専門家の所見を待つしかない。少なくても、幼少時代からある時期まで、筆者は確かに自分の性格はマイナス思考であると思っていたのだ。

このようなプロセスを経て、現在の思考はどうか。プラス思考そのものである。このことに満足している。いろいろな場面で助けられているからである。たとえば、首長任期1期目の議会で、全国で滅多に例のない否決を三度経験したときがある。落とせない案件だっただけに、筆者も執行部幹部もかなりの重圧を感じたが、最後は何とかなる、正しければ必ず通ずという心境になれた。ぶれずに乗り切れたのは、プラス思考のお陰だと思われる。

プラス思考になるのは難しい。確かにその通りである。性格的傾向は多種多様で、個人差もある。だが敢えて強調したい。入所児童はハンディを持つがゆえに、マイナス思考ではなく、プラスにプラスにと思考してほしい。松下政経塾創設者の松下幸之助塾主は、大悲観大楽観が大切と生前喝破した。

物事を一つでも多くプラス思考でとらえてほしい。

9　身の回りのことができる

読んで字の如くである。自分が生活する上で必要となる一切の事柄について、ひと通り何でもできることである。洗濯・掃除・規則性ある生活リズム・買物・外出・料理・ゴミ出し・各種料金支払い・契約行為などである。これらは、日常的な自立の要件と称されることが多い。

この要件で意外と施設生活で不足する経験はどれだろうか。料理・ゴミ出し・各種料金支払い・契約行為であろう。なかでも支払いと契約行為は希少部類に間違いなく入るのではなかろうか。筆者の経験ではそうであった。今でも多少なり該当するのでないかと思われる。

施設を退所すると、だれも当てにできない。自分に代わってくれる人もいない。自分１人ですべてやり遂げなくてはならない。だからこそ施設では可能な限り、多様な日常メニューを経験することが求められるのは論を待たない。

筆者の経験論で言えば、今でも料理が最も苦手だ。包丁が使えない。作り方も分からないものばかりだ。飼われたペットのように、食卓に並んだ料理を口にするに留まっている。料理に対して全然興味も湧かないのは、どうしてなのだろうか。

性格なのか。それとも機会ロスだったのか。今ではどちらでもよい事項となってしまったが、自活するためには、食材を憶える・仕入れる・包丁を使える・料理する・後片付けするといった基本動作を獲得することが求められる。換言すれば、ソーシャル・スキルズ・トレーニング（ＳＳＴ）の機会提供が求められていると言えよう。

筆者の施設生活時代と現在の施設生活環境を比較すれば、隔世の感があるはずだ。そうでなければ異常である。

1回でも多く多様な日常メニューを積んでほしい。

10　夢を持つことができる

夢を持つことはとても大事である。それが無理ならば、目標でもいい。それでもハードルが高ければ、直近ですべきことを決めておくだけでもいい。とにかく、これから先のことに対して方向性を持つことが肝要である。

不安定な生活環境の下で、しかも不適切な関わりのなかで育った入所児童に対して、この要求はかなり酷ではないかとの反論もあろう。筆者も一部分同意する。だが、である。家族を当てにできずハンディを持つ入所児童だからこそ、自分の人生を自分の力で切り拓いていかなければならないのである。そうしなければ、新たな地平も広がらない。これが世の常である。退所後に彼らを待ち受ける現実は厳しい。しかも誠にシビアだ。

処方箋はある。その一つが、夢・目標・モデルを持つことである。筆者は小さい頃から目標や夢を持っていた。それが途切れたことは、これまで一度もない。非常に幸運なことだと思う。46歳を迎えた現在でも将来の夢を持ち続けている。ぜひ努力を重ねて夢を実現したいと思っている。

仮にその夢が叶わなくてもいいとさえ思っている。夢に向かって続けたプロセスに、己の価値を見出せるからである。筆者の後輩（入所・退所児童）には、ぜひ夢を持ってほしいと強く思っている。夢が自分自身を導いてくれるからである。成長を促してくれるからである。人生を拓いてくれるからである。このことを筆者は実際に体験してきた。

１人でも多く夢を持つことができてほしい。

11　家庭を持つことができる

筆者は具体的な結婚をイメージすることができなかった。いや、率直に言えば、真剣には考えたくなかった。自分には両親がいない・施設で育っている・経済力がない・母が精神疾患者である・家庭経験が皆無である、など理由があったからである。多くの不安材料が結婚に対してマイナス思考にさせてしまったのである。このような不安感は、退所してから漠然と抱くようになっていったように思う。

幸いにして縁あって結婚するに至った。実感する家庭を初めて持ったわけである。28歳半のときだから当時の平均的年齢である。家庭を持つことができる、これは児童養護の自立を考える上で究極的な到達点の一つとなるであろう。少なくとも、到達点の入り口には達したと言えるのではないだろうか。

筆者は家庭に加えて、血を分けた家族にも恵まれた。３人の子宝である。自宅を構え、義母・妻・長女・次女・長男の６人所帯となった。夫婦となって感じたことが多々ある。その一つは、かけがえのない伴侶を持ち、いつも自分のことを受け入れてくれ、絶えず傍にある存在であることを知った。子どもたちからは、彼らが自分にとって無償の愛すべき存在であることを子育てを通して教えられた。まさに親育ちである。

一般家庭ならば、それを自分の親から教わり、成人後に伴侶と共に新しい家族で再び創り上げていく。この世代間連鎖を筆者は経験することが叶わなかった。筆者は親からではなく、自分の家庭家族を通して体得したのかもしれない。

確信が持てず断定できないのは、しつこいようだが家庭生活がゼロだからである。このような不安感を抱く入所児童や当事者は少なくない。そうだからこそ、入所児童はいずれは、家庭を持つべきであると筆者は考える。自分の家庭家族が時間をかけて、ゆっくりと一つひとつ不安感を解きほごしてくれるからである。

家庭は必要だ。マイナスを氷解する機能がある。癒す空間がある。家庭を持つことは、人の心を無機質から有機質へと化学反応を起こしてくれる。家庭は、人間が人間になるためのよりよい化学物質を有している。筆者は今そのことを実感している。入所児童は、家族を持って一人前になる。

1人でも多く家族を持つことができてほしい。

12　貢献することができる

貢献することができる。これはなかなか難しいことである。だが筆者は大事な要件と考えている。これまであげた11の事項は、自分自身がどうするかに力点が置かれていた。あるいは、自分が主に立つ側面が強かった。

それに対して、最後の貢献することができるという要件は、自分の行為の見返りは強調せず、むしろ求めない。自分という存在や役割を外に向けて、他者や所属する組織・団体に対して貢献することに主眼を置いている。視点は自分の内ではなく、外にある。

筆者が育った施設は仏教系であった。仏教の教えが年間指導方針に盛り込まれて、援助が展開されていた。8月は、自利利他（相手の立場を考える）である。園長が策定した指針内容は、[8]「誰もが自利を追求するのは当然です。だが人間相互の係りは、自利が利他になるような積算が成立しない限り、個と個が結ばれる事がありません。自利とは利他によって与えられたものです。この事を踏まえて、自利を得る『受け皿』をつくる事が先決です。『利他行』。他の為にお役に立つ心掛けは、社会生活の基本です。利他行なくして得たものは、本当の自分のものでなく、一時預かりのようなものです」。

18年前に鬼籍に入った園長。この方針の意味するところは今となっては確認できない。だが自立するためには、自分ばかりではなく他者への配慮は欠かせない点を強調しているように筆者は理解する。

「仏教は実際に実践してこそ価値がある」とも語った園長。僧侶ではない凡人そのものの筆者には、それが簡単には実践できない。他へ視点を向ける、心掛けていきたい点である。ビジネス誌『プレジデント』で、成功している人に社会貢献意識が高い人が多いという文章を目にしたことがある。私の周りでも同様のことが当てはまる人が存在する。自利利他が意味する世界との関連性を彷彿させる。

入所児童は絶対に幸せを掴まなくてはならない。何らかの苦労を強いられてきたからだ。ハンディを背負っているからである。幸せになるには、幸せの受け皿を作らなくてはならない。貢献、貢献、貢献することの実践である。

一つでも多く貢献できてほしい。

おわりに

一つ付言したい。それは入所児童ばかりでなく、すべての子どもたちに対してである。こころの時代の到来を迎え、彼らには感性を育み多様な体験をできるだけ多く積んでほしいと思っている。これから益々重要になる要素だからである。高萩市では、教育現場においてできるところから実践を始めている。

これまで、二つの切り口から自立の意味と自立することを述べてきた。自立、すなわち自己実現を図ることは、息の長い営みの過程と状態が続くことを意味している。当事者は夢と希望を持ち、日々謙虚に前向きに生きていくことが求められる。その延長線上に自己実現が存在すると筆者は考える。

それに対して援助者は、当事者の長い旅路にピタリと寄り添いながら、関わりを持ち続けていくことが求められる。この二つの交わり、すなわち化学反応的な相乗効果が、互いの自己実現＝自立となって開花するのだろう。自立＝自己実現は永遠に続くテーマである。

１人でも多くの養護児童が自己実現できることを願わずにはいられない。果報が訪れんことを！

【註】

1 『社会福祉実践の思想』阿部四郎・他編　ミネルヴァ書房　１２７頁　１９８９
2 『子ども家庭福祉論――子どもの親のウエルビーイングの促進』高橋重宏・放送大学教育振興会　１９４頁　１９９８
3 『戦後社会福祉教育の五十年』一番ヶ瀬康子・他編　ミネルヴァ書房　２４６頁　１９９８
4 「Ｉ県における児童養護施設における児童自立支援計画の現状と一考察」草間吉夫　５頁　２００４
5 『強いられた自立』青少年福祉センター編　ミネルヴァ書房　72・74頁　１９８９
6 『虐待を受けた子どもたちへの自立支援――福祉実践からの提言』村井美紀・他　中央法規　１４１頁　２００２
7 「Ｉ県における児童養護施設における児童自立支援計画の現状と一考察」草間吉夫　５頁　２００４
8 「平成24年度 事業概要」社会福祉法人同仁会　２頁　２０１２

【参考文献・資料】

「『児童養護施設の近未来像Ⅱ（中間のまとめ）』報告書」児童養護施設協議会制度特別委員会小委員会　全国児童養護施設協議会　２００２
「『養護施設の近未来像』報告書」全養協制度検討特別委員会　全国養護施設協議会　１９９５
「児童福祉施設再編への提言」児童福祉施設あり方委員会　全国社会福祉協議会　１９９５
「児童養護等実態調査の概要」厚生労働省雇用均等・児童家庭局、昭和52・58・62・平成４・10　過去５回調査分
「養護施設の40年」児養護施設協議会　全国社会福祉協議会　１９８６
『虐待を受けた子どもへの自立支援――福祉実践からの提言』村井美紀・他編著　中央法規　２００２
「子どもを未来とするために――児童養護施設の近未来――」全国児童養護施設協議会　２００３

「世界の児童と母性ＶＯＬ．45　１９９８‐10」資生堂社会福祉事業財団　１９９８

「子どもの権利を擁護するために」厚生労働省雇用均等・児童家庭局監修　児童福祉協会　２００２

『子どもの権利と社会的子育て』許斐有他編著　信山社　２００２

「塾報99年12月号」草間吉夫・他　松下政経塾　１９９９

『児童養護実践の新たな地平』鈴木力編　川島書店　２００３

『現代児童養護論　第２版』竹中哲夫　ミネルヴァ書房　１９９５

『強いられた自立』青少年福祉センター編　ミネルヴァ書房　１９８９

『保育実践への児童福祉　改訂版』筑前甚八他編著　ミネルヴァ書房　１９９０

『社会福祉実践の思想』阿部志郎・他編　ミネルヴァ書房　１９８９

「中央児童福祉審議会基本部会第二回議事録」１９９６年４月９日

『新しい子ども家庭福祉』柏女霊峰・他編　ミネルヴァ書房　１９９８

『こども家庭福祉論』高橋重宏　放送大学教育振興会　１９９８

『「ノーマリゼーションの父」Ｎ・Ｅ・パンク‐ミケルセン』花村春樹　ミネルヴァ書房　１９９８

「養護施設の半世紀と新たな飛翔」全国養護施設協議会　１９９６

「第50回記念大会　全国児童養護施設長研究協議会」全国児童養護施設協議会　１９９６

『戦後社会福祉教育の五十年』一番ヶ瀬康子・大友信勝　ミネルヴァ書房　１９９８

『現代の障害者福祉』定藤丈弘・他編、有斐閣　１９９７

『社会福祉思想史入門』吉田久一・他共著　頸草書房　２０００

『保育講座　養護原理』吉澤英子・他編　ミネルヴァ書房　１９９３

『エンジョイ自立生活』樋口恵子　現代書籍　１９９８

「季刊児童養護第１巻第１号〜第34巻第１号」全国児童養護施設協議会　全国社会福祉協議会　１９７０〜２００３

「季刊児童養護　創刊１００号記念特集号」季刊児童養護編集委員会　全国児童養護施設協議会　１９９５
「Tomorrow（東京の養護）」第50回全国児童養護施設長研究協議会東京都実行委員会編　東京都社会福祉協議会
１９９５
「社会福祉研究第82号」鉄道弘済会　２００２
「月刊福祉96年11月」全国社会福祉協議会　１９９６
『きょうだいは70人』植松二郎・末崎茂樹　佼成出版社　２００３
『児童福祉改革』古川孝順　誠心書房　１９９１
『「生きがい」とは何か』小林司　ＮＨＫブックス　１９８９
『現代福祉学　レキシコン　第二版』京極高宣編　有斐閣　１９９８
『福祉社会辞典』庄司洋子・他編　弘文堂　１９９９
『子ども家庭福祉・保健用語辞典』柏女霊峰監修　資生堂社会福祉事業財団　２００２
『社会福祉小法』ミネルヴァ書房編集部編　ミネルヴァ書房　２００１
『心理学小事典』北村晴朗　協同出版　１９８８
「ケース記録様式」社会福祉法人同仁会『臨海学園』１９９８
『広辞苑　第５版』新村出編　岩波書店、１９９８
「Ｉ県の児童養護施設における児童自立支援計画の現状と一考察」草間吉夫　２００４
「子どもの虹情報研修センター紀要№５」社会福祉法人横浜博萌会　子どもの虹情報研修センター　㈱ガリバー
２００７
「季刊児童養護40周年記念誌」全国児童養護施設協議会　２０１０

第2章

自立へのメッセージ

「熱をもって接すれば、熱をもって返ってくる！」

坂本博之

はじめに

私も子どもの頃、家の事情で児童養護施設で暮らしていたことがあった。辛いことや苦しかった思い出はたくさんあるが、自分の運命を嘆いて愚痴を言いながら生きるのは嫌だ。一生懸命に生きること、目標に向かって懸命に生きること。それが、私が思い描く自立の姿だ。

私がどうやってここまで生きてきたのか、ボクシングの道を振り返ることを通して、子どもたちの自立と支援について考えてみたい。

虐待の日々

私がプロボクサーになりたいと思ったのは、8歳のとき、小学校2年生のときだった。その頃、私は、1歳年下の弟と福岡の和白青松園という児童養護施設で暮らしていた。私たち兄弟が施設に入ったのは、両親の離婚で知り合いの家に預けられたものの、そこでの虐待がひどくて保護されたからだ。その頃のことは、今思い出しても辛い。

知人の家に預けられていたとき、私たち兄弟はご飯もろくに食べさせてもらえず、布団で寝ることもできず、玄関先でバスタオル1枚で寝ていた。私たちが水洗トイレを使うと水道代がもったいないと言って、私たちが使えないようにトイレも鍵を閉められてしまい、用を足すときは外に行かなければならなかった。

弟は小学校1年生だったが、そんな生活で精神状態が不安定だったためおねしょをしてしまう。すると、「玄関先で、臭いやろうが！」と、ぱちーんと殴られる。その上、「おまえら罰だ」と、公園の裏の方に連れていかれ、ゴロゴロした石の上に正座させられることもあった。足のすねから血が吹き出ても、1時間経っても2時間経っても止めさせてくれなかった。反抗して、顔の形が変わるほど殴られたこともあった。一事が万事そんなふうで、私たちは何かにつけて殴られていた。

そのうち近所の人たちが何かおかしいと気がつき、警察に通報してくれた。今の時代なら調査が入ってすぐに保護されるが、その時は厳重注意があっただけで、私たちはまた家に帰されてしまった。

一日の食事は学校の給食だけで、学校がない日は川でザリガニを捕ったり空き地でトカゲを捕っては火で炙って食べることもあった。弟は栄養失調で、学校に行く途中で倒れることもあった。しかし、今、家に戻ってもまた殴られるだけだと思い、無理して学校に連れていった。あまりにお腹が空いて、1時間目が始まる前にご飯を食べさせてもらうこともあった。

私も拒食症になってだんだん食事を受け付けなくなり、給食を食べても5時間目が始まる前に吐いてしまう。そんな状態だから担任もおかしいと思ったのだろう、ようやく学校側が私たち兄弟の異変に気付いたのだ。学校の通報により、私たちは児童相談所に一時保護され、その後、和白青松園に入った。そのときの写真を見ると、私は眼帯をはめている。目が潰れるのではないかと思うほど目を殴られて化膿していたのだ。

プロボクサーの夢との出会い

児童養護施設で暮らし始めていたある日、私はみんなと食堂で食事をしていた。そのとき、食堂にあったテレビでやっていたボクシングの試合に、私は釘づけになった。ブラウン管の向こう側のリングはこことは別世界のように見えた。自由で華やかでまぶしく、胸の鼓動が高鳴った。

「僕もいつか、向こう側の世界に行きたい！」

そんな思いが体中に走った。

いつか、この生活から逃れたいという思いが、私に大きな夢を与えた瞬間だった。８歳のことだった。

しかし、ボクシングへのあこがれはあっても、小学校、中学校時代はなかなかボクシングをやる機会はなかった。小学3年の9歳で母に引き取られて施設を出たが、高校に行くようになった頃に母親がまた新しい生活をするようになったため、私は弟と2人で、自分たちの力で生きていく決意をした。

弟との2人暮らしが始まった。アルバイトをして生活費を稼ぐために、弟と共に働いた。１日５００円では食べるだけでやっとで、高校の部活に入ってボクシングをやる余裕も、ましてやボクシングジムに通うようなお金もなかった。生きるためにひたすら働いたが、アルバイトは工事現場等で肉体を使う仕事が多かったので、思いもよらず筋肉がつき、体は鍛えられていた。

ボクシングジムへ

高校時代、池袋（東京都豊島区）までアルバイトに行く道中、山手線の電車の窓からボクシングジムの看板が目に入った。いつもいつもその看板を見ては羨ましく思っていた。「いつか僕もあそこに通うんだ！」と思いながら、窓外の光景に夢を膨らませていた。お金も時間もない高校時代は通いたいのを我慢していたが、高校を卒業してすぐに、私はその看板のジムの門を叩いた。それが、大塚のボクシングジムだった。

子どもの頃夢見たブラウン管の向こうの世界に一歩踏み出したという興奮と喜びに、私の気持は高ぶった。

「絶対にチャンピオンになってやる！」

そのときすでに、私はそんな気持ちを強く抱いていたのだ。

とにかく、猛烈に練習をした。練習に、私の夢のすべてを打ち込んでいた。自分でも結構いけるのではないかと自信をもっていた。ところが入門から半年後に受けたプロテストで、私は不合格になってしまった。そのときのショックは大きかった。高校の頃の友だちと夜遊びに行ったりしていた自分を甘かったと反省した。何より、このままダメになってしまうのではないかという底知れぬ不安に襲われたのだ。

心を入れ替え、ジムを変え、今まで以上に猛烈に練習に励み、翌年、再び受けたプロテストに合格した。そして迎えたデビュー戦。その試合は今も鮮烈に記憶に残っている。控室から通路を通ってリングに上がったとき、ふっと、子どもの頃テレビを観て、いつか自分も向こうの世界に行くんだと胸を躍らせたあの夢の舞台に、今、自分が立っているのだと思うと、底知れぬ闘志がわいてきた。そしてデビュー戦はＫＯ勝ちだった。

プロテストを受けるまでの間、私は「お前たちには負けない」という気持ちでいた。人は、気持ちの持ちようでいくらでも困難を乗り越えられるものだ。とはいっても初めの頃は収入が少なく、狭い部屋しか借りられず、風呂なしのアパートに住んでいた。ジムで、練習が終わった後に風呂を浴びる。その分、ボクシングに集中した。

洗濯機もなかった。水道代が高いので、公園の水で下着を洗った。トイレの水も節約のため、公園からバケツに水を汲んでそれを使った。いつかはボクシングで生計を立てられるようになる。そのためには強くなるんだ、チャンピオンになるんだ、そう自分に言い聞かせていた。

20歳でデビューし、念願のプロボクサーの仲間入りをした。その後、次々に試合に勝ち、２年後には日本ライト級チャンピオンに、３年後には東洋太平洋ライト級チャンピオンになった。いつしか私は、「平成のＫＯキング」と呼ばれるようになっていた。22歳のとき、高校を出てから４年後のことだった。

自立への支援

施設にいれば、寝るところも食べることも心配しなくていい。生活することそれ自体は守られている。こんな当たり前のことでも保証されるということは、不安定な生活のなかで生きてきた子どもたちにとっては何より安心なのだ。しかし、施設を卒園してから困るのは、１人になって孤独になること、寂しいこと。１人で生きていくことほど心細いことはない。

生きていくためには仕事につかないとどうにもならないが、まず、職を得るところから子どもたちの前には困難が立ちはだかる。保証人の問題もその一つだ。アルバイトをするにも保証人がいないと雇ってもらえない。アパートを借りるときにも保証人が必要だ。身内や兄弟がいる子どもはいいが、頼める人が誰もいなくて、私が保証人になってあげることもあった。姉ちゃんが見つかっても保証人にはなれないと言われた子もいる。

何とかアルバイトが見つかって給料を手にしたとしても、今度は、それで1カ月をどうやって暮らすか、そこから分からない。電気、ガス、水道代、全部、自分でやりくりしなければならない。ちょっとした家具やテレビを買いたくても、給料のうち、どれくらいは使っても大丈夫なのか分からない。そんな基本的なことから、彼らは立ち止まってしまうのだ。

このような子どもが身近にいた場合、私はとにかく何にいくら使ったのか、メモ書きでもいいからつけておくように言う。そうやっていくうちに、１日５００円あれば食費は何とかなること、少しずつお金をためて洗濯機を買ったりレンジを買ったりすることができることが分かってくるからだ。

自立するからと、最初から電化製品などを与えてしまうと、自分の力で手に入れようという活力が出てこない。自立は、自分で生活すること、ほしいものを自分の力で得ていくことを身につけていくプロセスだと思う。私は、施設を巣立つ子の支援はするけれど、洗濯機は買ってあげない。それは、自立とは生きる力を育んでいくことだと考えているからだ。物的支援は最小限でいい。洗濯機がなくてもコインランドリーに行けばいい。流しで手洗いしてもいい。私も、最初はそうやってきた。洗濯機は、少しずつ少しずつためたお金で買えばいい。小さなことでもそうした将来設計を立てられる力をつけていくことが大事なことだと思う。支援者は、彼らの自立に際して、まず生活していく方法、生活する上での必需品を得ていくための方法を教えること。電気一つをとっても、当たり前につくのではなく、お金を払って当たり前の生活ができるんだということを教えることだ。

もう一つ、私は彼らに「みんなと同じことをしなさい」という。そこから始めていこうと。卒園当初は、当たり前のことができない人もいる。朝起きて顔を洗って歯を磨いて、ご飯を食べ、10分前には職場に入る。帰りは掃除して帰る。誰かが見ているからではなく、自分の気持ちとして掃除をして帰る。人は生活態度を見てその人を評価するから、それでお前の社会的なポジションは決められるのだと教える。それでも、彼らには当たり前のことが難しい。どこかで「まあ、いいや」と妥協してしまう。だから、明日ではなくて今やらなければ社会から切り離されてしまうのだということを教える。

人に認めてもらえるように、信頼してもらえるように、人としてのあり方、人となりを、自分の努力と意思で作っていくこと、それを教えることが、社会で生きていく上での一番の支援になるのではないか。社会に出て、施設で育ったから常識が分からないという目で見られ、排除されると、彼らはどんどん自信を失っていく。彼らは一般の人が思う以上に、いろいろなことを知らない。だから、当たり前のことを教え、それをできるようにしてやることだ。やってあげるのではなく教えてあげること、それこそが大人の役目だと思う。

私は、自分が育った子ども時代に、家族で祝い事などの行事を楽しんだりすることはなかった。大人になって結婚し、家族でやるイベント（正月の祝い方やお節句、お盆、クリスマス、年末のお歳とりなど、年中行事）を教えてくれたのは妻だった。卒園したら、自立して生きる術は、施設に戻って先生に教えてもらうというよりは、社会のなかで、人々とのかかわりのなかで覚えていくしかない。そこには見て見ぬふりをしない大人の支え・助言が不可欠なのだ。

自立は、人生の夢を持てるように、大人が支えること

彼らには孤独感がある。どこか不安で自信がない。子どもの頃、親に抱きしめてもらった記

憶がない子や、親と手をつないで歩いたり、抱っこしてもらった経験がない子が多い。私は引退後、全国各地の児童養護施設を訪れた。親がいないということで人間の価値が決まるわけではない。私の生きざまを見て子どもたちに何かを感じ取ってほしいという気持ちがあった。

私が施設に行くと、子どもたちは「抱っこ！　抱っこ！」とせがんでくる。子どもたちは抱きしめられたい、愛されたいという本能が強い。

私の携帯のストラップは子宮。子宮は命が宿るところ。誰もがお母さんのおなかのなかにいるときは子宮に抱かれている。みんな、抱きしめられておなかのなかで大きくなった。子どもにとって、お母さんの存在は温かいものだ。物心ついてから子どもたちはお母さんに優しく抱っこされるが、施設にいる子どもたちにはそうした体験がないか乏しい。逆に、親に虐待されて保護された子どもたちもいる。彼らは、優しく抱かれた経験が乏しいけれど、人一倍、それを欲しているような気がする。

抱きしめられたい。それは、自分の存在を受け入れてほしいという気持ちでもあると思う。自分のことを見ていてほしいという気持ち、愛されたいという気持ち。無償の愛を、子どもたちは本能的に求めているのだ。

子どもたちのなかには、自分が悪い子だから施設に入れられたと思っている子どももいる。施設を出たときに、きょうだいからも保証人を断られる子もいる。それまでの関係性のなかで信頼関係を育てられなかった場合、きょうだいでも関係は切れてしまう。身近な周りからも切られていくのだ。彼らには、「人から切られない生き方」を教えなければならないが、彼らが内在している大人に対する不信感はかなり根深い。親に裏切られた経験が、大人に心を開けない、様子ばかり気になる、根っから他人を信用できない、という状況を生み出している。愛されたいのに愛され方を知らないのだ。

彼らの孤独に、社会はどうやって支援をしていくのか。まずは、見て見ぬふりをしないことだ。切り捨てるのではなく、彼らがどうやってここまで生きてきたのか、生き抜いてきたのか、想像力を働かせてほしい。子どもたちはやってもらったことは忘れない。自分がやってもらったことは、年下の子にやってあげる。そうやって繋がっていくなかで、人に対して心が開けるようになっていくのだ。

振り返ってみると、私の場合もそうだった。私たち兄弟は愛情を知らないで育った。愛って何か知らないから、どうやって人を愛すのか、どうやって人を信じるのかということがわからなかった。でも今は、親から愛情が返ってこなくても、違うところから愛情は返ってくると思っている。それが、私にとってはボクシングだった。私はボクシングで、子どもたちから、ボクシングファンの人たちから、愛情をもらった。たくさんの人が私を応援してくれた。愛情をくれた。それで、私は変わった。一生懸命にやるなかで、こんなにも愛情をもらえるのだということを知ったからだ。生い立ちなんか関係ない。一生懸命にやれば運命は変えられる。私は、そのことを子どもたちにも伝えたい。

自立は、人生の夢を持つこと。目標を持つこと。できっこないという弱い気持ちでは夢はかなわない。自立とは、生きるため、夢の実現のために出てくる知恵だと思う。夢を実現するには、一つひとつ目標をクリアしていくこと。私の場合、ボクサーになることが子どもの頃からの夢だったが、プロテストに合格するという夢が実現すると、今度はチャンピオンになることが夢、目標となった。夢は次の目標という形でどんどん先に進んでいく。一つ夢がかなえば、生活レベルも自ずとついてくる。つまり、生活もまた、前より良くなるのだ。風呂なしのアパートから、シャワーのあるアパートに引っ越すことができるように。

夢は実現していく過程を一生懸命に生きていけば叶う。全力で目標に向かって努力するなかで、生きる知恵は出てくる。夢は見るものではない。追うもの、近づくために立ち向かうもの。もう一つ大事なことは、夢は、コミュニケーションのなかから生まれてくるということだ。人間関係を育てること。人間は1人では生きていけない。多くの人に支えられ、教えられ、力をもらっていく。人間関係を育てられる力をつけていくことも大事だ。

「こころの青空基金」に託した思い

私のジムは「ＳＲＳボクシングジム」という。ＳＲＳとは「Skyhigh RingS」の略で、「天まで届くほどの心の輪」という意味だ。全国の児童養護施設を回って、子どもたちの心の支援をしたい、それが私のライフワークだ。ボクシングジムは施設の子どもたちもやってくる。ここは、ボクシングを志す子どもたちを受け入れる場でもある。

２０００年7月1日、全国の養護施設にいる子どもたちを支援するために、「こころの青空基金」を発足した。子どもたちが将来への道を切り開くきっかけを作るための支援に役立てたいという思いからだった。

同じ体験をした当事者としての目線から、自らの生い立ちのなかで経験したことを踏まえて、厳しい現状を抱える子どもたちと向き合い、ボクシングセッションを通して子どもたちの声を聞く。気持ちを高め合うことで、こころの根底にある思いを吐き出させ、大人が受け止める「こころのケア」をしていきたいと考えている。

これまで私は全国の児童養護施設をたくさん回ってきたが、私が施設に行って感じるのは、子どもたちは、自分を受け止めてくれる人がほしい、愛情がほしい、子どもたちと同じ目線で話してくれる大人がほしいと思っているということだ。自分を見ていてくれる人、自分のことを気にしてくれる人がいることは子どもにとっては心強く、物事に立ち向かっていく勇気も出てくる。真剣に向きあってくれる大人の前では、子どもたちは真剣にやるのだ。

施設に行くとき、私はボクシングのグローブを持っていく。それを子どもたちに持たせると、むきになって向かってくる子がいれば、おびえる子もいる。施設には、腕にたばこを押し付けられたやけどの跡がいくつも残っている子もいる。私がボクシングのミットを持って「打ってこいよ！」と言うと、がむしゃらに、怒りをぶつけるように打ってくる子もいる。そんな子どもの姿を見ると、思い切り抱きしめたくなる。お前を傷つけたのは大人だけど、お前を受け止める大人もいるんだということを伝えたくなる。

　この子たちは大人にひどい目に遭わされてきたけれど、そんな大人ばかりではないということ、君たちのことを見ている大人もいるということを、私は子どもたちに知ってもらいたい。子どもたちが大人不信で固まっている状況から一歩踏み出す機会を作ってあげたいのだ。

　子どもたちは話をしたい、誰かに自分のことを聞いてもらいたい。でも壁があってできない。その壁を取り払うためには子どもと同じ目線で話をすること。私の子どもの頃には、周りにそんな大人はいなかった。私だって誰かと話したかった。自分の気持ちを聞いてもらいたかった。でも、しっかり聞いてくれる大人はいなかった。私と同じ目線で、同じ気持ちで話をしてくれ、考えてくれる大人を、私はいつも望んでいた。だから、それを欲している子どもの気持ちが私にはわかる。いなかったからこそ、その必要性がわかるのだ。

熱をもって接すれば、熱をもって返ってくる

　15年間のボクシング生活を通して得たことは、「熱をもって接すれば、熱をもって返ってくる」ということだ。私はこの「熱」を伝えていく活動を行いたいと思い、全国の児童養護施設

への訪問を、仲間と共に続けてきた。

子どもたちと直接ふれあい、共に過ごす時間を通して、子どもたちは少しづつ心を開き、打ち解けてくれる。そうしたなかで私が経験したことを子どもたちに伝え、彼らがそれを「熱」に変えていってくれれば本当に嬉しい。


私は、これまでの人生のなかで、たくさんの試練を与えられてきた。子どものときだけではなく、結婚して子どもを授かってからも、２人の子どもを流産等で喪った。そのときの心の痛み、絶望、苦しみは到底忘れることはできない。ボクシングからも遠ざかるほどの苦しい日々だった。身体の痛みに耐えた日もある。さまざまな経験をしたが、どうしようもない「痛み」を乗り越えてきた。まわりには妻がいた。友人たちがいた。子どもたちがいた。私はそれを、子どもたちに伝えたい。どうやって乗り越えてきたのか、そして、それを乗り越えた先に何が待っているのかを。

私はたくさんの悲しみや絶望を抱えてきたけれど、それをどう受け入れていくかが大事だと思っている。苦しみを受け入れられるようになるまでが一番辛い。だから私は、施設の子どもたちにも話す。１枚のコインには表もあれば裏もある。人生も同じだ。いい記憶だけを残して嫌な体験を消すなんてことはできない。どちらも消すことはできない。無かったことにすることもできない。光を表にして生きていくのか、暗に引きずられて生きていくのかは、自分自身の頑張りにあるんだ。こんなもんじゃないぞ。へこたれるな。自分が大人になったときには、子どもの頃、やられて嫌だったことはやらない大人になるんだ、と。そして、負の連鎖は自分で絶つ。連鎖を断ち切っていくのはおまえたちだ。お父さんお母さんが変わるんじゃなくて、大人たちが変わるのを待つのではなくて、おまえらが変われ。できなかったことをできる大人になるために今を頑張れ、と。

私はまた、子どもたちに言う。負の部分を隠す必要はない。受け入れること。それまでの負の人生を否定しないということ。苦難の時代があってこそ、今の自分がある。自分で切り開いていったからこそ今がある。負の部分に目を塞がず、人生を切り開いていってほしいのだ。

私は、生命というものに対する思いが非常に強い。私の強さを支えているのはその思いかもしれない。私が施設の子どもたちと関わるのはここだ。運命に流されず、運命だと諦めず、自分のなかから人生を切り開いていくこと。どんなに辛い体験があっても、前を向いて歩けるんだよと、子どもたちに伝えたい。自信をもって生きていける人間であってほしいと思う。

子どもたちが自立するための支援は一過性ではなく、続けていくことが大事だ。単にものをあげて助けてあげるだけではなくて、その子の生きる力を支援するということ。こころの青空基金は微力だけれども、そういう子どもたちの生きる力を支援することに役立てたいと思う。

これからも、私は施設を回って、子どもたちを応援していきたい。子どもたちが希望をもって自立していかれるように。

第3章　自立観と主体的に「生きよう」と思う気持ち

渡井さゆり

なんのために生きるのか

社会的養護の下を巣立った子どもたちに共通する自立の課題は、「なんのために生きるのか」という問いに尽きるのではないだろうか。社会的養護の下を巣立った子どもたちに限らず、親や教師など、本来守り育んでくれるはずの者からの虐待（暴力・搾取）、または他の者からのそういった行為に対しての傍観を受け、その傷口に手当てをしてくれる人に巡り会うことができなかった子どもは、自身が生きていることへの肯定感や自信、周囲への信頼感が育まれにくい。

私自身、施設を巣立って25歳頃まではそうであった。望まれた命ではなく、仕事として養育され（当時は施設で大切にして貰えたことなどを感じ取る力がなかった）、心は育たないまま高校卒業を迎え社会に出るようになったが、自分が生きていていいと思えない。1人で考える時間はたくさんあったが、「生きるって悪いことばかりじゃないよ」と教えてくれる人はいなかった。同世代と比べ惨めに感じたり、「一生人に気をすり減らして生きなくてはならないのか」と絶望したりして、死にたい気持ちでいっぱいだった。どうやって死のうかということばかり考えていた時期もあったが、その度にきょうだいの存在が自分を引きとめてくれた。「自分がしんどいからといって、きょうだいを一生傷つけてはならない」と思いとどまったときに、「自分のような境遇の人は他にもいる。そのような人たちに『しんどいときもあったけど、今は笑っていられるよ』と伝えることができれば、自分のマイナスだらけだった人生にプラスの意味を持たせられるのではないか」と考えた。

退所後、フリーターだった私は、貯めていたお金で大学の福祉学科（夜間）に進学した。当時の講義で「社会的養護」に触れられることは一度もなかった。大学に置かれている図書も、社会的養護関連のものは乏しく、ごくわずかな「自立」をテーマにしたものばかりだった。「施設などが必要な子どもたちは自立するために生まれてきたのだろうか……誰にとっても自立は単なる手段ではないだろうか。人は誰しも自分の幸せを追い求めるために生きるのではないだろうか」、そんな問いに答えてくれる専門書には出逢えなかった。社会的養護の当事者自らが「自立」に対し物申す必要性を痛感し、卒業論文で「自立の力を育む援助」（廣瀬さゆり、２００６）について考察してみることにした。

本論では6年前に卒業論文でまとめた自立観に触れた上で、その頃から始めた社会的養護の当事者活動を通じさまざまな施設生活経験者の方と「自立」について考えさせてもらっている体験を基に、「自立」についてあらためてまとめたい。

第1節　自立とは——卒業論文より

未だ社会的養護の当事者活動が活発ではなかった6年前にまとめたものであるが、社会的養護の自立観の「変遷」と「普遍性」を考える材料になるのではないだろうか（ほぼ原文を抜粋。「廣瀬」は旧姓。自立の課題や自立を育む要素の検証を行っているが、字数制限の兼ね合いで割愛する。施設経験者の方10人、養育者の方7人にご協力いただいた貴重なアンケート結果を基に検証をしているので、いつか日の目を見られればと考えている）。

児童養護における自立とは

自立に必要な力がどのようにして育まれるかを考える前に、まず「児童養護における自立」とは何か、どういった状態かを明確にする必要がある。

辞書（大辞林第二版・三省堂）で「自立」を引いてみると「他の助けや支配なしに自分一人の力で物事を行うこと。ひとりだち。独立」と載っている。社会一般の解釈はこれだろう。果たして「児童養護における自立」もこれに当てはめて考えて、いいのだろうか。

①先行研究

社会福祉において自立について述べている人は数多い。古川孝順（２００３、２５２-２５７頁）は「生活者（生活主体）の自己決定と自己責任にもとづいて確保される生活手段（生活資源とサービス）のみによって、その生命及びに活力が維持・再生産されている状態」を「自立的自立」とした。

対して、「たとえ生活の一部を第三者や社会福祉制度に依存していたとしても、生活の目標や思想信条、生活の場、生活様式、行動などに関して、可能な限り生活者自身による自己選択や自己決定が確保される状態」として「依存的自立」をあげている。また、一般的に述べられている自立の類型としての「身体的自立」「心理的自立」「社会関係的自立」「経済的自立」を「道具的自立」と分類し、追加した「人格的自立（全人的自立、すなわちperson as a whole）」を「生きることの目標」とし「目的的自立」と分類した。古川の「依存的自立」はよく障害者福祉の分野で用いられている。

では、そのなかでも特に児童養護に関していえばどうだろうか。乳児院、児童養護施設で育った草間吉夫（２００４、５頁）は「『自立とは自己実現するための諸能力を高めることである。児童の自立とは、精神的自立・経済的自立・日常的自立を確立しながら、社会的自立を高め自己実現していく過程と状態を言う』。つまり、自立は最終目的ではなく、自立はあくまでも自己実現するために欠かせない絶対的な手段、あるいは達成目標であるという事である」と述べている。草間氏は児童養護施設職員、東北福祉大学講師を経て２００６年春に高萩市の市長となり、そのことを自ら体現している。

設立当事の運営の中心が当事者であった青少年福祉センターは著書『強いられた自立』のなかで、「社会的自立」を以下の４分類にしている。

就労自立能力　(1)作業能力　(2)作業態度に関する項目　(3)職場内人間関係・就労に対する主体的側面の成熟度を見る項目

日常生活管理能力　(1)「衣」の生活　(2)「食」の生活　(3)「住」の生活　(4)「金銭」　(5)「健康」

人間関係形成能力　(1)人格の発達　(2)信頼関係　(3)社会関係　(4)言語

精神的文化的生活能力　(1)余暇生活　(2)社会規範　(3)社会的関心　(4)将来の生活設計

青少年福祉センターは、以上の概念を元に尺度表を作成しそれを用いて養護体験を３分類した研究を残している。90年代の研究のため、養護の背景など抱える問題が現在のものと異なるが、施設養護ゆえに発達していないと検証されている項目は現在もおおむね変わっていないように考えられる。

村井美紀（2000、98頁）は自立援助ホーム・憩いの家の設立者である広岡知彦の考えである「自立とは『彼らの心の問題の解決』」を汲み、「『心の問題解決』とは、彼らが『自分自身を肯定的にとらえ』られるようになり、『自分でやろうとする意欲を主体的に持てるようになること』である」としている。村井氏は自己肯定感と主体性を「自立（心の問題解決というプロセス）」の用件としている。

竹中哲夫（1993、59-67頁）は児童養護論における独自性を踏まえた上で、折出健二（1984）の「人間的自立（人とのふれあい・助けあい・思いやりという交流を作り出しつつ、各人の〝生きる権利〟の実現としての自立を探る立場）」を汲んで自立概念の以下の六つの枠組みを示している。

(1)自立の多義性と「人間的自立」

(2)自立はプロセスである

(3)自立と依存・援助の一体性
(4)自立は揺れ動くものである（自立の不安定性）
(5)自立の社会規定性
(6)自立援助の社会的責任性

(1)自立の多義性と「人間的自立」では、自立の多義性として12種類をあげている。①基本的生活習慣の習得・自立、②家庭生活の自立（子どもとして）、③地域社会・学校生活の自立、④学ぶことの自立（あるいは自己教育力の獲得）、⑤社会的人間関係の自立、⑥労働の自立、⑦経済生活の自立、⑧自己意識の形成・自己同一性の確立、⑨性的な自立・性役割の自立、⑩家庭生活の自立（大人として）、⑪社会的な主権者としての自立、⑫生きがい・自己実現・人生観の形成としての自立。これらのなかで一部だけではなく、総合的に成し得ている状態が自立度が高いとされる。そして、このような自立を「『人間的な豊かさを持った自立』すなわち『人間的自立』」と述べている。

(2)自立はプロセスである、では自立は過程であり、絶対的な期限はないと述べられている。また他論文（1995、99頁）では「『自立』にあまりこだわるよりは、個々の子どもの『多様な発達』を援助することを考えたほうがよいのかもしれない」と、発達と自立の関係性の深さから、発達の領域・段階としての自立概念を述べている。

(3)自立と依存・援助の一体性では「自立は依存と援助と共にあってこそ安定するものだ」と

いうことを、(4)自立は揺れ動くものである（自立の不安定性）では「自立とは、極めて不安定であり、ある時期の到達点を示すに過ぎない状態である」ことを示している。そして、(5)自立の社会規定性として、「『自立』概念は超時代的・超社会的なものではなく、その時代・その国・その地方を見据えた要請に対応したものにならざるを得ない」こと、(6)自立援助の社会的責任性として、「自立を援助する働きは、この社会を成立させ発展させるために欠かすことのできない、いわば社会の責務でもあると言わなければならない」と述べている。

竹中氏の論ではこれまでにあげた自立に関しての考え、依存的自立の概念、目的的自立（自己実現のための自立）、自立が過程と状態であることなどが系統立ててまとめられている。筆者も竹中氏の論に賛成である。

はじめにも述べたが著者は当事者であり、現在児童養護施設の当事者勉強会を行っている。勉強会で筆者自身が自立について考えをまとめた内容が以下だ（「日向ぼっこ通信」8号より）。

自立観整理ノート（平成18年6月14日　廣瀬さゆり）

〈そもそも自立とは〉

1　自分自身の稼ぎで生活できること（経済面での自立）

経済的自立　保護者に頼らず金銭収支のバランスを保った生活が営める

精神的自立　経済的自立をなしえ、かつ一人前の人間として自らの考えや周囲の意見を

バランスよく活かし生活を営める

社会的自立　経済的自立をなしえ、かつ周囲における自らの役割を認識して生活を営める

2　自分自身の考えで生活できること（精神面での自立）

経済的自立　精神的自立をなしえ、かつ保護者に頼らず金銭収支のバランスを保った生活が営める

精神的自立　一人前の人間として自らの考えや周囲の意見をバランスよく活かし生活を営める

社会的自立　精神的自立をなしえ、かつ周囲における自らの役割を認識して生活を営める

3　自分自身の立場をわきまえ生活を営めること（社会面での自立）

経済的自立　社会的自立をなしえ、かつ保護者に頼らず金銭収支のバランスを保った生活が営める

精神的自立　社会的自立をなしえ、かつ一人前の人間として自らの考えや周囲の意見をバランスよく活かし生活を営める

社会的自立　周囲における自らの役割を認識して生活を営める（今回学習した「役割期待」がこなせている）

4　前田ゼミでのレポート（2005、廣瀬）より

(1)「自分で自らのことをできる状態」

(2)年齢・性別や疾病・傷害の有無、環境といった要因に応じての自立観がある。

(3)自立度が高い方が人生は楽しめる

(4)自立観を養うのは周囲の務め。大人も子ども、上司・同僚・後輩など関係なく、お互いがお互いを高めあう意識を（「関係なく」と言うのは「高めあう」ことに対して。礼儀や道徳を軽んじるわけではない）。

1　児童養護施設の子どもたちが欠けているとされるもの

〈自立に必要なもの〉

・コミュニケーション面　話したい・わかりあいたいという欲求［自信のなさ／経験不足］／表現力［経験不足］（『本当の自分を知られたくない』のと『生きる意欲障害』の2パターンある。深刻なのは後者）

・生活能力面　［適正な危機感の不足］朝起きられない／計画的な金銭管理／約束を守れない／持続性［経験不足］

・社会面　常識［経験不足］／現実感覚［黙っていても自分の人生が展開されていた／経験不足］

・精神面　主体性（↓×自主的な判断／放っておいても何とかなると思う）／克己心／気

力［自信のなさ／経験不足］／堪え性・忍耐力［経験不足］

参考：小林道雄『翔べ！　はぐれ鳥』（1986、講談社）。［　］内は廣瀬が推測した能力阻害原因。

2　自立に必要なもの

・自己肯定感、成功体験・失敗体験

　→チャレンジ精神、自分で目標を立てられる、主体性

・毎日の生活の積み重ね

　→長期的な展望

・愛嬌・可愛がられやすい性格（なくてもいいがあるとなおよい）

　→学校や職場で育ててもらえる、困ったときに助けてもらえる

※措置期間中に身につけられるか？　子どもによるが難しい。自然にできる限りはできた方がよい。それ以上に肝心なのは施設退所までに安心・適度の依存関係が成り立つ心の拠り所（場や人）が構築されているか否か。

※18歳で施設を退所し生活する子どもの苦しみはなくなりはしないし、ある程度はあってもいいもの。逆境を乗り越えるため、一般家庭では育まれない反骨精神が養われると廣瀬は考える。

以上を踏まえ、自立に関する先行研究を表1に図表化する。

表１　児童養護の自立に関する先行研究（広瀬作成）

	自立的自立	依存的自立	道具的自立（手段・経済）	目的的自立（目標・自己実現・問題解決）	社会（関係）的自立	過程	状態	多義性と総合性	不安定性	社会規定性	社会的責任性
古川	●	●	●	●	●		●				
草間			●		●	●	●				
青少年福祉センター			●		●		●				
村井			●	●		●	●				
竹中		●	●	●	●	●	●	●	●	●	●
廣瀬			●		●		●			●	●

②定義

先行研究を踏まえ自立観に幅や奥行きができたように感じる。あらためて筆者として児童養護における自立を定義してみたい。

児童養護における自立とは、当事者が周囲との調和を取りながら、生活し、自己実現していく手段・過程・状態である。自立には「経済的自立」「社会的自立」「精神的自立」など、さまざまな側面がある。それらのバランスが整いながら高まっている状態が「自立度が高い」と言える。また、自立を考える際は、自立度に安定性があるものではないこと、その時代・国・文化・社会によって違うことを押さえる必要がある。そして、自立支援は社会を豊かにするために必要な概念であり、社会全体でお互いがお互いを高めあう（伸ばしあう）意識を持つことが望ましいと言える。

最後の「社会全体でお互いがお互いを高めあう（伸ばしあう）意識を持つことが望ましい」というのは、援助者が子どもから学ぶ姿勢を持ち続けること、謙虚さや内省の姿勢、また、子どもの自立度が高まることの意義とそれに対する責務として述べた。

③現状

以上のように自立を定義したが、現状に照らし合わせると、このような状態の当事者は、果たしてどのくらいいるのだろうか。現在児童養護施設は被虐待児や発達障害児・軽度知的障害児といった支援な困難な児童が増えていると聞く。ある施設指導員の方に退所児の様子を尋ねたところ、「ほとんどが通勤寮に行く」という答えが返ってきて驚いたことがある。通勤寮は知的にハンディのある人が利用する施設だ。ほとんどの退所者が通勤寮に行くとはどういったことなのだろうか。

全国児童養護施設協議会（２００２）のデータでみてみると、現在の児童養護施設児童の高校進学率は約83％（全国平均は約97％、文部科学省２００２年学校基本調査）、大学等（４年制大学・短大・高校等専攻科）進学率は約８％（全国平均約45％、文部科学省２００２年学校基本調査）である。これは若干古いデータであり、２００７年には大学全入時代とマスコミは報じている（２００６年の文部科学省学校基本調査では高校進学率約98％、大学進学率49％である）。

当事者や施設職員との話で浮かび上がる児童養護施設退所児の様子は、高校卒業後住み込み就職が圧倒的多数だ。なかには自分で貯蓄したお金や奨学金で進学する者もいるようだが、ごく少数である。進学した子どもに対し居住提供している施設も何箇所かあるようだ。

しかし、実際のところ進学率や聞いた話のみでは先に定義した自立度は分からない。自立度はもっと、職場など社会での苦労や生きがいなど、本人と直接話してみなくては分からない生々しいものだと私は感じている。

第2節　自己肯定感や周囲からの被受容感を育むために

6年前に第1節のように自立観をまとめたが、その後、当事者活動として退所後の支援に携わるようになって痛感していることは、自立は本人の「生きよう」と思う気持ちにかかっているということだ。生物である以上、生存欲求は備わっていると考えてよさそうだが、その主体性が肝心なのである。「誰かに依存したい」という気持ちが満たされないまま「生きなくてはならない」と感じている人は、生きることに絶望している。最初に述べた「なんのために生きるのか」と共通するが、その問いに自らの答えを出すためには等身大の自分への自己肯定感や周囲からの被受容感は不可欠であり、それらはその人の幸福感と相関がある。

では、自己肯定感や周囲からの被受容感はどのようにして育まれるだろうか。本著の執筆に向け、日向ぼっこの勉強会に参加した施設生活経験者8人に3回にわたり語り合ってもらった。

母親と出会って変わった

生まれて間もない頃から乳児院で生活したＡさんは、児童養護施設で幼いころに「泣いていたら抱きしめてもらえホッとした。大切にされていると感じることができた」と語った。それでも母親がわからない不安や憤りから思春期には性的逸脱行為に走ることもあった。

そんなＡさんは「ずっと会っていなかった母親と会って変わった。それまでは『親がいないから』を自分の言い訳にしてきたけど、それをしなくなった」と振り返った。自身のルーツがわかったことにより、生きやすくなったようだ。

親代わりが必要

一方で、母親に恋焦がれてきたが、会うことが果たされなかったＢさんはアフターケアの必要性として「普通の話がしたい」と語った。Ｂさんには退所後も気に掛け続けてくれる特定の施設職員の存在がある。しかし、その人がいつでも身近にいるわけではない。日常のふとした出来事を分かち合うことのできる特定の存在として、同世代の友人以前に親代わりの存在を求めているようだ。

「納得がいかない」を対話できる関係性

両親からすさまじい暴力・性被害に遭ったＣさんは、現在その親を介護している。それは数年前に親から「自分が悪かった。Ｃは何も悪くなかった」と言ってもらえたことにより、過去の虐待を許すことができたのだという（言われた直後はすぐに許すことはできず、数年間言い争っていたそうだ）。憎んでもいいであろう親を介護する寛容さもさることながら、Ｃさんは底抜けに明るく、たいてい元気いっぱいである。虐げられた経験ゆえか細やかで周囲の人の気持ちを素早く汲み取り行動する。Ｃさんが生活していた児童自立支援施設では、当時「何かにつけ『問題行動』ととられ、理由も聞かずに体罰を与えられ（『連帯責任だ』と言われたこともあった）、何が悪いのか納得がいかずに職員と口論」していたそうだ。「ゆっくり話を聴いてくれる人がいなかった」。Ｃさんは進路に関しても「〇〇（希望している職）になんて絶対になれない」と施設職員に言われたそうだ。家庭で虐待を受け、施設でもその延長だったと振り返り、「友達に恵まれていた」ことがその後の安定に繋がった要因だと語った。ほかにも、特定の夫婦（児童自立支援施設の職員）が退所後も家族ぐるみで関わってくれたようだ。

しかしながら、家庭での虐げられた経験がありながら、施設職員の体罰に「納得がいかない」と口論ができたＣさんの自己肯定感や他者への適度な信頼感は先天的なものだったように見受けられる。やはり子どもの自立を考える上で、その子どもの素地を汲み、伸ばすことは養育の肝であろう。Ｃさんの場合は退所と同時に希望の職に就くための進学を果たしておられるので、（Ｃさんには伝わらなかったかもしれないが）Ｃさんの希望を叶えようと動いた施設職員や何度口論になっても耳を傾け続ける施設職員の存在があったのではないかと推察される。

社会的養護に限った話ではなく、対人援助・サービスには紋切り型でくることができない難しさとだからこその貴さがある。画一化すればいいのではなく「それぞれの特別感」が満たされることでしか、「存在を認められている」という実感に結びつかない。

問題行動は自分のことを見てほしかったから

「その子どもの素地を汲み、伸ばすことや退所後に希望の進路を叶えるために施設職員が動くことなんて当たり前ではないか」と思われる人は多いのではないだろうか。しかし、実際にそれらの役割が果たされてこなかった人もいる。

児童養護施設からの措置変更を経て児童自立支援施設に入所したＤさんは、Ｃさんと同じように些細なことで連帯責任としての体罰を受け、児童自立支援施設での生活を苦に、中学卒業と同時に虐待をする父親の元に家庭復帰し、再虐待に遭った。

Ｄさんはそもそも児童自立支援施設には行きたくなかった。「措置変更の基準を教えてほしい。『問題行動』をしていたのは自分のことを見てほしかったから」と振り返り、「児童自立支援施設退所後の可能性や選択肢を教えてほしかった」と語った。元の児童養護施設に戻ることや自立援助ホームを利用することもできたであろう。父親の再虐待に苦しみ、以前暮らしていた児童養護施設に助けを求めたところ、「〇〇（児童自立支援施設）を頼りなさい」と言われた。

アフターケアに関しては２０１０年度から「退所児童等アフターケア事業」が本実施されるようになった。東京都では今（２０１２）年度モデル事業として「自立支援コーディネーター」が児童養護施設37施設に配置された。子どもたちの自立支援の専任者を置き、まずは退所者名簿を作成することが提案されている。これまでは退所した人たちの名簿がなく、その後の把握がなされていない施設が多数あったということだ。アフターケアが各施設種別に義務付けられたのは２００４年だが、８年の年月を経てようやく東京都では本始動に向け動き始めているといって過言でなかろう。

Dさんのように「愛されたいのに愛されない」その苦しみがいわゆる「問題行動」として現れ、措置変更という「見捨てられ体験」を招き、それでも暮らしていた児童養護施設に救いを求める子どもの切実さを思うとやるせない。ましてや救いを求めたのに拒絶されてしまったら……、胸が張り裂ける。

Dさんはその後、少年院を経て自立生活中に自殺未遂をし、精神科に入院した。それぞれの場所で親身になってくれる人はいたが、未だに無償の愛を求める気持ちが強いように見受けられる。本来のDさんは意欲が高く好きなことに集中して取り組めるタイプに見えるが、過去の経験に素地を踏みにじられているように感じる。子どもは選んでその境遇になったわけではない。公的責任の下で行われている社会的養護が、救いを必要としている子どもを選んでいいはずがない。一方で、担い手である養育者は養育者である以前に人である。子どもとの関係に行き詰まることもあろう。また、ほかの子どもに及ぼす影響が考慮され、個人の福祉より公共の福祉が優先されてしまうこともある。それぞれの子どもたちの「最善の利益」が尊重されるのはその言葉以上に容易ではない。

こんな人たちに育てられていたんだ

児童養護施設での生活を経て、施設職員になっている人もいる。Ｅさんは、暮らしていた施設とは別の施設で働き始めたときに「こんな人たちに育てられていたんだ」というショックを受けたという。「私が初めて施設職員になった施設では、施設職員同士の会話のなかで子どものことについて『ばか』『どうしようもない』など否定的な言葉が多く聞かれるところでした。とにかく子どもに対する愚痴が多く、なかには子どもに聞こえていても平気な職員、子どもに直接言っている職員もいました。子どもの良さ（ストレングス）をもっと支持してもいいんじゃないの？　否定が前提にある関わりは初めからうまくいくわけないのになぁ、と思うことばかりでした。案の定そういう職員は、子どもからも嫌われている（恐れられている）職員で。自分の施設でも自分のことをこんなふうに話していたのかなぁと思うとショックでした」。

物心ついたときには施設で暮らしていたというＥさんは、その施設で初めての大学進学を果たした。進学希望を打ち明けた際、「やってみたらいいじゃん。そのためになんとかするよ」と職員から「全力でサポートする」姿勢を示された。思春期になると「抱きしめる」といった直接的な行為は誤解を招いてしまうだけに、子どもへの愛情表現が難しくなる。子どもが養育者に求めるもの自体も多様化してくる。Ｅさんの場合は、職員から「一緒に」や「応援している」という姿勢を示されたことによって、「大切にしてもらっている。必要なときに支えてもらっている」という実感を得ることができた。それはまさに施設職員の「親心」が伝わった結果だろう。適切な支援を受けていただけに、ほかの施設で従事する側に回った今、職員の言葉や思いが「親心」からきているものなのか、個人の惰性によるものなのか、敏感なのかもしれない。Ｅさんは「大人の事情で約束が守れないときがあるが、『仕方ない』ですませず、『個別の時間』などどこで補うかを真摯に向き合い続けたい」と職員の立場から語った。Ｅさんのように、子どもの視点を持った職員の活躍を大いに期待したい。

筋が通っているかが大切

「一緒に」という他者との営みは、子どもの育みのみならず、大人になっても誰しも必要なことだ。やはり物心ついたときには施設で生活していたというＦさんは入所中に厳しい制約や強制、職員や子どもからの激しい暴力を受け、自らが親になった今でもその当時の夢を見ては絶望感に駆られている。

Ｆさんは「入所中に色々なことや理由などを説明してもらえなかったので、今子どもに説明が必要な場面でどう説明していいかわからない」という苦悩を明かした。子育てをしている立場で「子どもへの対応に筋が通っているかが大切」と語る。養育者といえども、人それぞれ違って当たり前だ。肝要なのは筋が通っているか。Ｆさん以外からも「対応がコロコロ変わって嫌だった」という声はきかれる。母親と会うことのできないＦさんは、母のことや離婚した元夫に対し心が揺れ動きながらも、唯一無二の家族である子どもに無償の愛を注いでいる。

具体的なことを教えてほしかった

他方、「家族じゃないんだから、社会に出るにあたっての必要な指導をしてほしかった」と語るＧさんは中学校3年生の年齢で児童養護施設に入所し、わけのわからないまま自立援助ホームで生活することになった。働くことのできる状態ではないにもかかわらず、寮費が借金になってしまい恐ろしかったという。職員からの家族のような親しみのこもった関わりには「気持ち悪いからやめてくれ」とかみついた。

「仕事である以上、職員に親代わりを求めることは難しい。『世のなか、厳しいんだ』とはよく言われたが、具体的にどのようなことが想定されるのか教えてほしかった」と語る。置かれている状況の大変さに対し、職員の関わりがアンバランスだったのではと推察される。他者との「一緒に」という営みを体感することの難しさであろう。

具体的なことを知らないまま退所に至ったという声は他にもある。進学希望だったが、「奨学金のことを一切教わらなかった」という人や、「病院にお金がかかるって知らなかった」という人、進学して学生になったにもかかわらず国民健康保険の加入を知らずに無保険状態の人もいた（ちなみに、国民健康保険は加入していなかった期間、最大2年分もさかのぼって支払わなくてはならないので、職場で健康保険に加入しない子どもや親の扶養に入らない子どもにはきちんと教えていただきたい。医療費が掛かることに怯え体調を悪くしている施設生活経験者は少なくない）。

自分のために言ってくれて嬉しい

中学生の頃に父親の虐待から逃げ、現在児童養護施設に入所中のＨさんは施設生活に満足しているようだ。そもそもＨさんは入所前に担当児童福祉司から「君には選択肢が三つある。お父さんの所に帰るか、施設で暮らすか、里親家庭で暮らすか。君が選んでいい」と言われ、施設での生活を選んだ。生活に安心した後に、父からの激しい暴力が思い出され、苦しみ、荒れた末に精神科病院に入院した。それが転機となり、現在は自分の人生を主体的にとらえ行動している。何かしたいことがあったときには施設職員に相談する。「職員は会議にかけてくれ、経過や課題・リスクも含め教え、一緒に動いてくれる。厳しいことを言われることもあるが、自分のために言ってくれて嬉しい」と語った。

Ｈさんは施設からの自立支援にも満足している。自ら提案し、貯金の管理や単発ではなく断続的にひとり暮らしの疑似体験をしている。「さびしい」と漏らしながらも、「ほんとにやってよかった」と笑顔を見せた。筆者は自らの措置に対し、意見を言う機会を与えられた人と初めて出会った。職員が子どもの意見や要望に寄り添う姿勢も、昔は「当たり前」とは言い難かった。社会的養護の質が改善していることをＨさんの存在から感じる。

経験者の声からしか、真の改善は成し得ない

勉強会のオブザーバー（児童養護施設心理士）は、自分が自立を実感した時期として「親のことを思い遣るようになってから」と語った。つまり、養育者には入所中、退所直後のみならず、いずれ、いたわったり恩返ししたりをする存在として、継続した関係性も求められている。また、本論では仕事に関する自立に踏み込むことができなかったが、働くことで得られる成長も大きい。

８人の方それぞれの貴重な声をまとめるのは恐れ多いが、自己肯定感や周囲からの被受容感を築くことや親子関係の整理がなされていること、自らの選択による主体的な成功体験や失敗体験が重要であることがうかがえた。また、「自立しなくてはならない」という押しつけではなく、養育者の生きざまから自立した生活の大変さと喜びを具体的に示される必要性も感じ取った。主体的に「生きよう」と思う気持ちが育まれるためには必要不可欠だろう。

最後に、社会的養護の制度・援助の真の改善・充実には社会的養護経験者の実態把握や声が不可欠である。まとめきれなかったが、本稿もその一助になれば幸いだ。

【註】

1　筆者の活動については『施設で育った子どもたちの居場所「日向ぼっこ」と社会的養護』（ＮＰＯ法人日向ぼっこ　明石書店　２００８）を、筆者の生い立ちから当事者活動・結婚・出産までは『大丈夫、がんばっているんだから』（渡井さゆり　徳間書店　２０１０）を参照されたい

2　「日向ぼっこサロンに集われている人」というバイアスがかかった社会的養護経験者の声である。当事者活動に関心のない人や退所児童等アフターケア事業の必要がない人からは、また違う声が聞かれる可能性を念頭に入れていただきたい

【卒業論文抜粋箇所の参考文献】

『人間的自立と教育』折出健二　青木書店　１９８４
「Ｉ県児童養護施設における児童自立支援計画の現状と一考察」（修士論文）草間吉夫　２００４
『翔べ！　はぐれ鳥』小林道雄　講談社　１９８６
『社会福祉原論』古川孝順　誠信書房　２００３
「児童養護施設入所児童の進路に関する調査報告書」全国児童養護施設協議会　２００２
『強いられた自立』青少年福祉センター　ミネルヴァ書房　１９８９　74・76頁
『現代児童養護論』竹中哲夫　ミルネヴァ書房　１９９３
「児童養護施設での自立支援の充実のために」『２００５年度「社会福祉学演習Ⅲ・社会福祉援助技術演習」①卒業論文・ゼミ論文』廣瀬さゆり　東洋大学社会学部　２００５　３３７・３３８頁
「『自立』と『自立援助』」村井美紀　『平成12年度全国自立援助ホームセミナー～子どもの自立を支えていくために～』全国自立援助ホーム協議会　２０００

あとがき

施設・里親から巣立った子どもたちの自立は容易なことではない。しかし、これは施設・里親で育った子どもたちだけではなく、すべての子どもが自立しにくい現代社会とも言えるのではないだろうか。また、もっと広く考えると自分もしかりであるが、自立している大人ははたして何人いるのだろうかと考えさせられることが日常生活のなかでよくある。

本書に執筆いただいた諸先生や施設経験のある3人の方々から自立の定義やそのあり方など示していただいたが、私はこれまで、二葉学園の子どもたちにわかりやすく、「自分のことは自分で、相手のことも配慮し行動ができることの両面が自立にとって必要！」と言い続けてきた。自立の程度や度合はあるにせよ本書をまとめてみてあらためて、こんな時代だからこそ子どもも大人も日々自立できる人生めざして努力する姿勢はもちたいと思う。

本書を読んで、すべての人に自立とは何か、自立するためには何が必要なのかを考える機会としてほしいと願うところである。

各章における、全国社会福祉協議会、ふたばふらっとホーム、東京都、大阪市の社会的養護の下を巣立った当事者の聞き取りや調査結果について、すべての調査で浮かび上がっている共通の課題をあらためてまとめると、「孤立感」「人間関係を築く難しさ」「公的な手続きの知識（年金、健康保険、税金など）」「経済的困難性」などなどがあげられる。そのなかでも特に、「孤立感」「人間関係を築く難しさ」など、制度の充実だけでは解決しにくい（養育者個人の資質に左右されるような）関係性の課題が提起されている。このたび、わが国が直面した震災においても人と人との関係づくりや絆づくりの大切さをあらためて再認識させられたように、困難な状況に直面すればするほど人と人が繋がっていかなければならないのである。

それと同時に制度面での充実はやはり重要で、児童虐待など負の養育環境下で育った経験のある児童には、一定の甘えが充足され、心の癒しが十分にできる環境と、将来社会に巣立ってから自立できる一定の力を里親や施設にいる間に身につけることができる環境が保障されるような社会的養護の現場となっていくことが必要である。

本書の第2部での当事者の方々からの言葉は、力強く、説得力があり、今まさに社会的自立の緒に就いた人々や現在施設や里親で暮らす児童にとって、羅針盤となる言葉ばかりである。反面、生きる力を獲得するまでの葛藤と悩みについて身につまされるように理解でき、それらの一つひとつの壁を乗り越えてきたプロセスがとても貴重なのである。

100人の社会的養護を必要とする子どもには100通りのプロセス（人生）があり、1人の人生観はすべての人には当てはまらないが、今回のように多くの人たちのアンケート集約の結果はこれからの社会的養護を必要とする当事者の生き方や自立にとっても、児童養護実践や社会的養護の制度拡充にとっても、生かしていける貴重なメッセージである。

当事者の手記にあるように、また、すべての人がそうであるように、困ったときや落ち込んだとき、周辺の人から支えてもらえる存在や場所は絶対的に必要なのであり、現状からすると不足している。里親や施設、また、当事者団体や若者を支えるＮＰＯなどによる、もっと活発な活動が望まれる。今、全国的に当事者団体を作ろうといった輪が広がりつつあり、全国各地で社会的養護を巣立った人たちの調査を実施したいという情報も届いている。

どんな時代でも、どんな地域においても、また、施設であろうと里親であろうとその特徴はあるにせよ、当事者の声を聴き、それらの率直な声を反映することの重要性について、本書を編集してあらためて痛感したところである。

本書を企画してほぼ1年になる。高橋利一先生、井上仁先生、山縣文治先生、東京養育家庭の会の青葉紘宇理事長には短時間の中で執筆をいただき、また、草間吉夫さん、坂本博之さん、渡井さゆりさんに児童養護施設出身者として貴重な体験手記をいただいたことに対し、心から感謝したい。社会的養護を必要とする人たちのこれからの人生が幸多き人生になるよう心から願いながら……。

２０１２年11月

武藤素明

編著者紹介

〔編著〕

武藤 素明

社会福祉法人二葉保育園常務理事、二葉学園・二葉むさしが丘学園統括施設長。1952年生まれ。駒澤大学社会学科卒業。1975年二葉学園の児童指導員として入職、2000年から2012年まで二葉学園施設長。現在、全国児童養護施設協議会制度政策部長、東社協児童部会副部会長、全国児童養護問題研究会副会長、日本子ども家庭福祉学会理事、日本児童虐待防止学会評議員、他。

〔著〕

高橋 利一

法政大学名誉教授、社会福祉法人至誠学舎立川理事長、児童養護施設至誠学園統括学園長。1939年、東京生まれ。日本大学文理学部社会学科卒業後、児童養護施設至誠学園児童指導員として勤務。同学園施設長就任（28歳）、里親支援センター長就任（兼任）。施設長退任後、統括学園長として施設経営にあたる傍ら、日本社会事業大学教授、法政大学現代福祉学部教授などを務める（2007年定年退職）。全国社会福祉協議会評議員、全国児童養護施設協議会協議委員、他。著書に『子どもの福祉とこころ』（新曜社）など多数。

井上 仁

日本大学文理学部社会福祉学科（2013年4月）現・社会学科社会福祉コース教授。元・東京都職員（児童福祉司）。専門領域は児童福祉・ソーシャルワークや子どもの権利擁護等の研究など。実践活動に重きを置く考え方で、学生たちとともにボランティアを基盤に社会的養護の子どもたちとの関わりを大切にしている。児童養護施設学習支援塾を大学に開設し、そこで出会った高校生とともにフィリピン支援活動なども展開をしている。施設後の子ども支援に課題を感じ今回の調査に参加をした。世田谷区保健福祉サービス苦情審査委員会副委員長、世田谷区立緑丘中学校学校関係者評価委員会委員長、他。

山縣 文治

関西大学教授。1954 年生まれ。大阪市立大学大学院を中退後、同大学助手、同教授を経て、2012 年より関西大学教授。主たる研究領域は、子ども家庭福祉、地域福祉。編著書に『児童福祉論』『よくわかる社会的養護』（ミネルヴァ書房）など。（社）家庭養護促進協会副理事長として里親や養子縁組の普及に努めるほか、地域の親子の居場所として「みなくるハウス」を開設し、子育て支援活動にも取り組む。

青葉 紘宇

東京養育家庭の会理事長。1944 年生まれ、1967 年少年院教官として勤務の後、東京都の障害者施設に転職。さまざまな障害者施設に勤務の後、1991 年児童相談所に福祉司として異動。1998 年養育里親として最初の里子を受託し、男子中高生のファミリーホームを開設。2005 年児相退職の後、東京養育家庭の会理事長に就任し現在に至る。巣立った子どもが始めた「里子の下宿屋」の支援にも従事中。

草間 吉夫

茨城県高萩市市長。1966 年生まれ、家庭の事情により、「乳児院」と「児童養護施設」で育つ。東北福祉大学大学院修了。児童養護施設勤務を経て松下政経塾に入塾、2006 年 3 月高萩市長就任（県内最年少）。これまで世界 40 数カ国を訪問。厚労省「児童福祉施設等評価基準検討委員会」委員、「茨城県児童相談所のあり方検討会」委員、「茨城県行財政改革懇談会」委員、厚労省「事業仕分け」委員、他。著書に『人は人によって輝く』（共著、致知出版）、『ひとりぼっちの私が市長になった！』（講談社）、『随想録 高萩市長草間吉夫の1600日』（茨城新聞社）他多数。

坂本 博之

SRSボクシングジム会長、「こころの青空基金～SRS～」代表。1970年生まれ、2歳になる前に乳児院に、その後児童養護施設に預けられ、一時母親に引き取られた後、小学2年生のときに8カ月間児童養護施設で暮らした。21歳でプロボクサーデビュー、全日本新人王、日本ライト級チャンピオン、東洋太平洋ライト級チャンピオン獲得。WBC世界ライト級タイトルマッチに4度挑戦の後、2007年に引退。著書に『「運命」を跳ね返すことば』（講談社）他。

渡井さゆり

1983年生まれ、子どもの頃母子生活支援施設2カ所と児童養護施設2カ所で暮らす。高校卒業後、フリーターをしながら学費を貯めて大学へ進学、在学中の2006年に日向ぼっこを結成。2008年にNPO法人化し、理事長兼当事者相談役を務める。2011年より、厚生労働省社会保障審議会児童部会社会的養護専門委員会委員。一児の母。

装丁　臼井弘志＋藤塚尚子（公和図書デザイン室）

施設・里親から巣立った子どもたちの自立
——社会的養護の今

2012年11月30日　初版第1刷発行

編著者　武藤 素明
発行者　石井 昭男
発行所　福村出版株式会社
〒113-0034　東京都文京区湯島2-14-11
電話 03-5812-9702　FAX 03-5812-9705
http://www.fukumura.co.jp
印刷・製本　シナノ印刷株式会社

ISBN 978-4-571-42046-7　C3036